Basma Farah Alattar
Professeur certifiée d'arabe

Caroline Tahhan
Professeur certifiée d'arabe

Arabe

PALIER 1

2e ANNÉE

Niveau A1+/A2 du CECR

HATIER

chouette entraînement

Coordination éditoriale : Hannane Laïdouni
Conception maquette : Frédéric Jély
Réalisation maquette : Dominique Findakly
Illustrations : Dominique Billout (intérieur) ; Guillaume Trannoy (dessins de la chouette)

ISBN 978-2-218-93841-2

Sommaire

Le nom et le groupe nominal

Le verbe et le groupe verbal

La phrase

Les notions de schème et de racine, liées à la fois au lexique, à la morphologie, et à la lecture, sont présentées au fur et à mesure des leçons.

Les pays du monde arabe

L’alphabet arabe

Nom de la lettre	Transcription	Lettre isolée ou finale	Lettre initiale ou médiane
hamza	ʾ	ء	أ إ ؤ ئـ
ʾalif	ā	ا	ا
bāʾ	b	ب	بـ
tāʾ	t	ت	تـ
ṯāʾ	ṯ	ث	ثـ
ǧīm	ǧ	ج	جـ
ḥāʾ	ḥ	ح	حـ
ḫāʾ	ḫ	خ	خـ
dāl	d	د	د
ḏāl	ḏ	ذ	ذ
rāʾ	r	ر	ر
zāy	z	ز	ز
sīn	s	س	سـ
šīn	š	ش	شـ
ṣād	ṣ	ص	صـ
ḍād	ḍ	ض	ضـ
ṭāʾ	ṭ	ط	ط
ẓā	ẓ	ظ	ظ
ʿayn	ʿ	ع	عـ
ġayn	ġ	غ	غـ
fāʾ	f	ف	فـ
qāf	q	ق	قـ
kāf	k	ك	كـ
lām	l	ل	لـ
mīm	m	م	مـ
nūn	n	ن	نـ
hāʾ	h	ه	هـ
wāw	ū/w	و	و
yāʾ	ī/y	ي	يـ

Le pluriel des noms

Les pluriels externes

- Il existe deux catégories de **pluriels** : les pluriels **externes** et les pluriels **internes**.
Les pluriels **externes** sont formés par **ajout d'un suffixe** à la fin du mot.
- **Le pluriel masculin externe** جَمْع المُذَكَّر السالِم s'obtient en ajoutant le suffixe ون au nominatif et le suffixe ين aux cas direct et indirect.
Ex. : Dans فنّانون (des artistes), on reconnaît le singulier فنّان et le suffixe ون .
- **Le pluriel féminin externe** جَمْع المُؤَنَّث السالِم s'obtient en ajoutant le suffixe ات après avoir enlevé éventuellement la ة.
Ex. : Dans طالبات (des étudiantes), on reconnaît le singulier طالبة et le suffixe ات .
- Les principales catégories de mots qui ont un pluriel externe sont :
  – les participes actifs فاعِل ou passifs مَفعول ;

مُعلّم ⟵ معلّمون   جالس ⟵ جالسون

مُعلّمة ⟵ معلّمات   جالسة ⟵ جالسات

  – les noms construits sur le schème فعّال (ou noms de métier) ;

خيّاطة ⟵ خيّاطات   خيّاط ⟵ خيّاطون

  – les noms-adjectifs de relation (la nisba) qui se caractérisent par le suffixe يّ .

تونسيَّة ⟵ تونسيّات   تونسي ⟵ تونسيُّون

1 **Trouve douze pluriels externes dans la grille, et recopie-les ci-dessous.**

ن	و	ر	ف	ا	س	م
و	ن	و	د	ه	ا	ش
ث	ت	ا	ض	ف	ا	ر
ح	ت	ا	د	ي	ر	ف
ا	ن	و	ق	ث	ا	و
ب	ت	ا	ب	ء	ا	ن
ن	و	ب	ر	ر	ق	م
ن	و	غ	ا	ب	ب	ص
ن	و	د	ا	د	د	ح
ن	و	ح	ا	ل	ل	ف

مسافرون، ....

....

....

....

2 **Classe les mots suivants dans les boîtes selon leur sens.**

مهندسون، سوريّون، ألمانيّون، عطّارون، معلّمون، بقّالون، فرنسيّون، خبّازون، جزائريّون، مفكّرون، صيّادون، مصريّون، طبّاخون، رياضيّون.

الأعمال الأخرى	الأعمال اليدويّة	الجنسيّة

3 **Écris le pluriel de chacune des expressions suivantes.**

معلّم المدرسة ← معلّمو المدرسة

سائق السيّارة ← .... مهندس المدرسة ← ....

ممثّل الفيلم ← .... مطرب الحفلة ← ....

Le ن final disparaît si le nom est déterminé par un complément de nom ou un pronom affixe.

	avec complément du nom	avec pronom affixe
au cas sujet	مدرّسو الطالب	مدرّسوه
aux cas direct /indirect	مدرّسي الطالب	مدرّسيه

4 **Dans le dialogue qui suit, il est question d'un tableau évoquant un festin chez Cléopâtre. Souligne quatre pluriels externes au cas sujet puis classe-les dans le tableau.**

شادي : أُنظر كيف تستقبل كليوباترا ضيوفها في قصرها. الأفريقيّين والأوروبيّين والفلسطينيّين والسوريّين.

باسم : أرأيت كيف تقوم الخادمات بتقديم أشهى أنواع المأكولات !

شادي : ألا ترى كيف يقترب الفنّانون من الملكة ؟

باسم : ويغنّي المطربون وترقص الراقصات على أنغام الموسيقيّين.

شادي :أُنظر إلى النحّاتين والرسّامين الذين يصنعون هيكلاً مُصَغَّرًا عن الأهرامات.

باسم : يا لها من حضارة رائعة !

Africains	الأفْريقيّون
servante	خادِمة
chanteur	مُطْرِب
danseur	راقِص
sculpteur	نَحّات
peintre	رَسّام
maquette	هَيْكَل مُصَغَّر

nom de métier	adjectif de relation	participe	pluriel	singulier
	X		الأفريقيّون ج	الأفريقيّ

Le pluriel des noms (suite)

Les pluriels internes جَمْعُ التَّكسير

Le pluriel **interne** se forme par **modification de la structure interne du nom**, par ajout ou suppression de lettres et par modification des voyelles.

- Les schèmes de pluriel interne les plus courants sont :

Ex. : homme(s) رِجال ج رَجُل ← **فِعال**

enfant(s) أَوْلاد ج وَلَد ← **أفْعال**

leçon (s) دُروس ج دَرْس ← **فُعول**

- Le schème **فِعال** sert de pluriel à des noms ou à des adjectifs sur le schème **فَعيل** .

Ex. : compagnon(s) رِفاق ← رَفيق

petit(s) صِغار ← صَغير

1 **Relie à ton nom ce qui correspond à ton portrait ou à ton univers.**

- ثياب ضيّقة
- ثياب واسعة
- أسنان سليمة
- رموش شقراء
- رموش سوداء

اسمي : ....

لي : ....

- أصدقاء
- إخوة
- أخوات
- كِلاب
- ألعاب

2 **Relie les singuliers à leurs pluriels puis remplis la grille avec le pluriel trouvé. Trouve ensuite le pluriel caché dans la colonne D.**

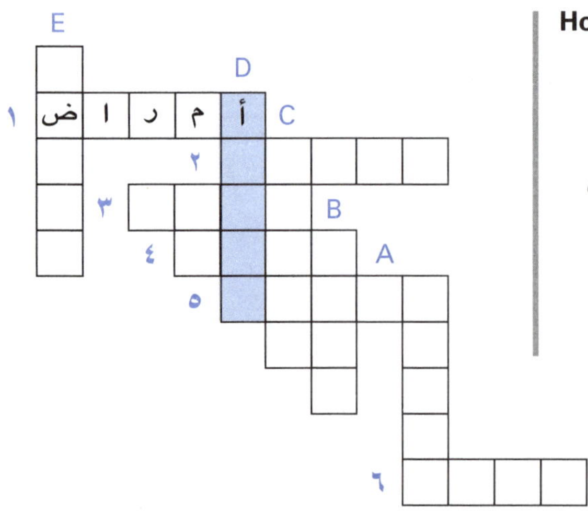

Horizontalement :

١. مرض سيوف

٢. فرد جِبال

٣. سيف أمراض

٤. جَبَل بِلاد

٥. سِنّ أفراد

٦. بَلَد أسنان

Verticalement :

A. أَسَد أضواء

B. جُنديّ أُسود

C. سَبَب جُنُود

D. ....

E. ضَوء أسْباب

On retrouve toujours, dans un pluriel interne, les lettres du singulier qui font partie du radical.

Les pluriels quadrisyllabiques

Les pluriels **quadrisyllabiques** sont des **pluriels internes** qui correspondent à des singuliers de quatre, cinq et parfois six lettres.

- Le schème **مَفاعِل** correspond à un singulier de quatre lettres dont la troisième est une voyelle longue.

  جَريدة ⟵ جَرائِد رِسالة ⟵ رَسائِل

- Le schème **فَواعِل** correspond à un singulier de quatre lettres dont la deuxième est un alif.

  شارِع ⟵ شَوارِع نافِذة ⟵ نَوافِذ

- Le schème **مَفاعِيل** correspond à un singulier de cinq lettres dont la deuxième est un alif et la quatrième est une voyelle longue.

  حانوت ⟵ حَوانيت

3 **Complète le tableau suivant avec des singuliers ou des pluriels.**

الجَمْع	المُفْرَد	الجَمْع	المُفْرَد	الجَمْع	المُفْرَد
مساكين		نوافذ		مكاتب	
	مصباح		قالب		مطبخ
مزامير		جوائز		مدارس	
	مفتاح		مركز		مركب

4 **Relève les pluriels internes dans les questions, complète le second tableau, puis essaye de répondre aux questions à l'aide de la carte de la page 4.**

الأَجوِبة	الأَسئِلة
....	١ – عدّد أربع عَواصِم في العالم العربيّ.
....	٢ – عدّد ثلاث أنهار في العالم العربيّ.
....	٣ – عدّد ثلاث بِحار تُحيط بالعالم العربيّ.
....	٤ – ما هو عدد دُوَل العالم العربيّ ؟
....	٥ – اذكر ثلاث مَمالِك عربيّة.

capitale	عاصِمة ج عَواصِم
fleuve	نَهْر ج أنْهار
mer	بَحر ج بِحار
royaume	مَمْلَكة ج مَمالِك
le monde arabe	العالَم العَرَبيّ

فِعال	مَفاعِل	فُعَل	فَواعِل	أفعال

Le pluriel des non-humains

Le pluriel des non-humains

- Lorsqu'un nom au pluriel désigne non pas des êtres humains mais des animaux, des choses ou des idées, tous les mots qui s'y rapportent se mettent au **féminin singulier**.
- C'est le cas :

– du **verbe**, qu'il soit placé avant ou après le sujet ;
Ex. : Les voitures passent تمرُّ السيّارات
– du **pronom personnel isolé ou affixe** ;
Ils ont écrit leurs devoirs ⟶ Ils les ont écrits كتبوا وظائفهم ⟵ كتبوها
– du **pronom démonstratif** ;
Ex. : ces livres هذه الكتب
– de l'**adjectif qualificatif.**
Ex. : de beaux vêtements ثياب جميلة

1 **Sépare les mots pour découvrir le message envoyé par Bassām à son ami ᶜAref. Puis souligne les mots qui se rapportent à un pluriel non-humain.**

هذهالتماثيلالتياكتشفهاأبيسرقهامنهقراصنةيمتلكونقواربضخمة

....

....

2 **Voici un extrait du journal intime du père de Bassām. Souligne tous les mots (pronoms, adjectifs, verbes) qui se rapportent à un pluriel non-humain.**

– في هذه الجزيرة أسود متوحّشة ونمور مُخيفة.
– اكتشفت تماثيل ضخمة ولكن سرقها القراصنة.
– اكتشفت مخطوطات تدلّ على حضارات قديمة.
– كنت أصيد الأسماك وآكلها.
– هنا، تتحرّك الأشجار وترقص النباتات !

3 **Décris les animaux et leurs habitats en transformant les mots entre parenthèses.**

١. (ركض) .... الزرافات في الحقول (الأخضر) ....
٢. (سبح) .... التماسيح (الضخم) .... في الأنهار (العريض) ....
٣. (قفز) .... القرود في مساكنها و(أكل) .... الموز.
٤. (زقزق) .... العصافير في أعشاشها.
٥. (تدرّب) .... الببغاوات على العروض مع مدرّبيها.

4 **Complète la description suivante à l'aide des mots illustrés sur le dessin puis entoure tous les mots (verbes, adjectifs, pronoms) qui se rapportent à un pluriel non humain.**

تسير الـ.............. على نهر النيل وعلى ظهرها .... كثيرون ينظرون إلى .... الصغيرة . على الشاطئ .... بيضاء وبقربها .... خضراء عالية . فوق النهر تطير .... جميلة من كلّ الألوان.

5 **Myriam fait visiter le palais de la reine Hatshepsout à un groupe de touristes. Effectue les transformations nécessaires.**

مريم : اُنظروا، هذه هي غُرَف الملك وتلك هي غرف الملِكة.
أحد السيّاح : لماذا كان الملك يستخدم كُلّ هذه الغرف ؟
مريم : كان الملك يستقبل ضيوفه في بعضـ.........، وبعضها الآخر كان فيـ......... التماثيل (الكبير) .... والهدايا (المبعوث) .... من كلّ مكان.
أحد السيّاح : وهذه .... غرف الأكل ؟
مريم : لا، هذه .... مطابخ الملك.
أحد السيّاح : وماذا كان يوجد في هذا الإسطبل ؟
مريم : كان هناك أجود الخيول (العربيّ) .... التي اشترا......... الملك بأسعار باهظة.
أحد السيّاح : إذّ......... حقاً رائعة !

pièce	غُرْفة ج غُرَف
rois	مَلِك ج مُلوك
convive	ضَيْف ج ضُيوف
ici : certains	بَعض
cadeau	هَديّة ج هَدايا
cuisine	مَطبَخ ج مَطابِخ
cheval	خَيْل ج خُيول

Attention à l'accord du pronom personnel affixe avec le nom auquel il se rapporte.

Détermination et indétermination

Détermination et indétermination التَّعريف والنَّكِرة

- Un mot (nom, adjectif, participe) est **grammaticalement indéterminé** lorsqu'il n'a pas d'article et n'est pas premier terme d'annexion.

Ex. : un jeune homme : شابٌ
un étudiant : طالبٌ

- Un mot est **grammaticalement déterminé** lorsqu'il est accompagné de l'un de ces trois éléments :

– un article,
Ex. : le voyageur : المسافر

– un pronom affixe,
Ex. : son père : والدُه

– un ou plusieurs compléments du nom.
Ex. : le père de l'élève : والد التلميذ
la voiture du directeur de l'école : سيّارة مدير المدرسة

1 **Classe chacun des groupes nominaux en fonction de sa similitude avec l'un des modèles suivants.**

حصانه – مدينة الملاهي – معهد – مكتبهم – معرض دمشق الدولي – كتاب الجغرافيا – جمهورية مصر العربيّة – كُرسي غرفة الجلوس – مدير مركز الإسعاف – كلية الآداب – أجراس – مطار بيروت الدولي – أرض – طائراتهم – معدّات طبيب الأسنان.

قرية	دفتر الطالب	أرضه	جامعة تونس الدولية	ملعب كرة القدم

2 **Souligne les mots déterminés d'un trait et ceux indéterminés de deux traits puis indique le nom de métier correspondant à chaque dessin.**

خبّاز – بقّال – بائع أحذية – صيدليّ – بائع مجوهرات – لحّام – بائع ملبوسات.

3 **Souligne les mots déterminés d'un trait et ceux indéterminés de deux traits.**

مكتبة – مخزن ملابس – باحة – بائع زهور – مطعم الأمراء – حلويّات الأفراح – غرفة الأساتذة – غرفة التمريض – مخبز – مكتب المدير – صفوف – مقاعد – سبّورة – مرحاض.

4 **Caroline et Diana préparent un voyage scolaire pour découvrir les vestiges de la Syrie. Parmi les mots en bleu dans le dialogue, souligne d'un trait les mots déterminés et de deux traits les mots indéterminés.**

كارولين : هل تعرفين أنّ علماء الآثار اكتشفوا آثاراً عديدة في سوريا ؟

ديانا : وماذا وجدوا ؟

كارولين : وجدوا مدينة قديمة تحت مدينة دمشق.

ديانا : رائع ! وهل هذا هو الاكتشاف الوحيد ؟

كارولين : لا، فقد وجدوا أيضًا مدينة قديمة تُسمَّى ماري وفيها نسخة قديمة عن التوراة.

ديانا : لقد سمعت أنّهم وجدوا مدينة ايبلا في الصحراء السوريّة.

كارولين : صحيح لكن... ألا توجد مدينة تَدمُر أيضًا في منطقة صحراويّة ؟

ديانا : بَلى، ويُقال إنّ هناك الكثير من المراكِز الأثريّة والمُدُن الّتي لم تُكتشف بعد.

archéologues	عُلَماء الآثار
vestige	أَثَر ج آثار
découverte	اِكتِشاف ج ات
la Bible	التَّوراة
désert	صَحْراء

Un nom propre est toujours déterminé.

Le duel du nom et du pronom

Le duel du nom المُثَنّى

- En arabe, il y a **trois nombres** : **le singulier** qui désigne une personne ou une chose, **le duel** qui désigne deux personnes ou deux choses, **le pluriel** qui désigne trois personnes ou plus.
- Le duel du nom (ou de l'adjectif, du participe, etc.) s'obtient en **ajoutant au singulier la désinence** انِ (au cas sujet) ou يْنِ (aux cas direct et indirect).
- Lorsqu'un nom au duel est terminé par un complément du nom (ou pronom affixe), **il perd** son ن .

	indéterminé	avec article	avec complément du nom	avec pronom affixe
au cas sujet	عينانِ	العينانِ	عينا فاطمة	عيناها
aux cas direct /indirect	عينَيْنِ	العينَيْنِ	عَيْنَيْ فاطمة	عينَيْها

1 **Décris les parties du corps de Šafantar grâce aux éléments indiqués.**

شارب

أذن

عين

خدّ

ناب

هذا الأرنب له أُذنان ....

....

....

....

....

Les noms qui désignent des parties doubles du corps sont toujours au duel.

2 **Dessine une coupe de fruits avec les ingrédients suivants. Écris ensuite le duel de chacun.**

موزة ← موزتان

ليمونة ←

رمّانة ←

برتقالة ←

إجّاصة ←

Lorsque le singulier est terminé par ة , cette lettre devient ت au duel .

3 **Les directeurs d'un zoo ont conservé deux animaux de chaque espèce. Remplis la grille avec les noms d'animaux écrits dans l'encadré ci-dessous après les avoir mis au duel.**

أسد،
نمر،
تمساح،
غزال،
دبّ،
فقمة،
زرافة،

Le duel du pronom

Voici les pronoms personnels isolés et affixes au duel.

pronoms isolés	الضَمائِر المُنْفَصِلة	pronoms affixes	الضَمائِر المُتَّصِلة	
vous deux	أنْتُما أنْتُما	(à / pour)... vous deux	كُما كُما	2e pers المُذَكَّر masc. المُؤَنَّث fém.
eux deux	هُما هُمَا	(à / pour)... eux, tous les deux (à / pour)... elles, toutes les deux	هُما هُما	3e pers المُذَكَّر masc. المُؤَنَّث fém.

Note bien que le duel masculin est identique au duel féminin.

4 **Décris l'environnement de Noura et Sāra en te servant de l'exemple ci-dessous.**

عندهما بيت	هذا الكتاب لهما	هذا كتابهما

Les pronoms démonstratifs se déclinent au duel comme les noms : ces deux-ci (masc.) هذان – ces deux-ci (fém.) هاتان

هذا بيتهما	هذا البيت لهما	عندهما بيت
....	....	عندهما ....
....	....	....
....	....	....

Les relatifs

Le pronom relatif (singulier) (المُفرَد) الاِسم المَوصول

المُذَكَّر	الَّذي
المُؤَنَّث	الَّتي

● On utilise un pronom relatif uniquement lorsque son **antécédent** est **déterminé** :

رأيت الرجل الّذي يملك السيّارة الحمراء.

تكلّمت مع البنت الّتي تلعب كرة اليد مع أخي.

● Lorsque le pronom relatif est **complément du verbe** de la relative, on ajoute un **pronom de rappel** qui **s'accorde** avec lui :

اشتريت الحاسوب الّذي كان قاسم يريده.

زرنا المنطقة الّتي وُلِدتَ فيها.

1 **Samia et sa mère discutent. Complète leur dialogue avec الّذي ou الّتي .**

الأمّ : هل تحدّثتِ مع جارنا الجديد .... يسكن في الطابق الثالث ؟

سامية : لا، ولكن التقيت ببنته .... تدرس في ثانويّة «ابن سينا» مثلي.

الأمّ : صحيح ؟ وهل تعرّفَتْ على صديقتكِ .... تسكن أيضاً في عمارتنا ؟

سامية : سنلتقي بمُنية هذا المساء لأنّنا ذاهبات جميعاً إلى السينما لمُشاهدة الفيلم الوثائقيّ .... صوّروه في حيّنا في الصيف الماضي.

Souviens-toi qu'un mot peut-être déterminé par un article, mais aussi par un pronom affixe !

2 **Recopie les phrases suivantes en effectuant les changements nécessaires, comme dans l'exemple.**

ذهب إلى المتحف. زرنا المتحف الأسبوع الماضي.

ذهب إلى المتحف الّذي زرناه الأسبوع الماضي.

أعطني القلم. وجدتَ القلم تحت الطاولة.

....

أخذ معه الحاسوب. طلبنا منه الحاسوب.

....

حفظتم الأغنية. غنّيتُ لكم الأغنية.

....

دعانا إلى حفلته. تُقام الحفلة الجمعة مساءً.

....

musée	مَتْحَف
ordinateur	حاسوب
apprendre par cœur	حَفِظَ ـَ
inviter quelqu'un à	دَعا (يَدْعوه) إلى
fête	حَفْلَة

Le pronom relatif (pluriel) الاِسم المَوصول (الجَمع)

Attention à l'orthographe de اللواتي ! Il y a deux lām !
Les pronoms relatifs **s'accordent** en **genre** et en **nombre** avec leur antécédent.

المُذَكَّر	الَّذينَ
المُؤَنَّث	اللَّواتي

3 Complète chaque phrase avec le pronom relatif qui convient.

سلّمت على الزملاء .... يعملون معي في المكتب.

استقبلتنا الفتيات .... تكلّم عنهنّ أبي.

ذهبتُ إلى السوق لأشتري الفساتين .... رأيتها أمس.

وصل إخوتي .... يعيشون الآن في الخارج.

نظرنا إلى الراقصات .... كنّ يتركن المرقص.

يخاف زوجي من الكلاب .... تقف أمام محطّة المترو.

N'oublie pas que les pluriels non humains sont traités comme des féminins singuliers !

4 Complète le dialogue suivant entre Lina, Nadia et leur mère puis lis-le à haute voix.

الأمّ : ما رأيك في الفستان .... تمسِكه البائعة ؟

لينة : الفستان الأخضر ؟ جميل، لكنّني أفضّل ذلك الفستان الأزرق .... هو أمامك.

الأمّ : وأنت ؟ لا تُعجبك القمصان .... على يمينك ؟

نادية : يعجبني القميص الورديّ .... أخذتِه أنتِ، أما القمصان الأخرى ....
رأيتها فلا تعجبني لأنّي لا أحبّ الأصفر ولا الأسود ولا البرتقاليّ.

الأمّ : أنتِ .... كنت تقولين إنّك تحبّين كلّ الألوان !!!

L'expression de la comparaison

L'élatif اِسم التَّفضيل

- Pour exprimer une **comparaison**, l'arabe recourt à une forme particulière, **l'élatif**, qui se traduit en français, selon le contexte, par un **comparatif** (*plus*...) ou par un superlatif (*le plus*...).
- L'élatif se forme à partir de l'adjectif sur le **schème unique** أَفْعَل et ce, quel que soit le schème de l'adjectif :

أَبْرَد ← بارِد	أَسْهَل ← سَهْل	أَكْبَر ← كَبير
(le) plus froid ← froid	(le) plus facile ← facile	(le) plus grand ← grand

- Il existe quelques **cas particuliers** comme :

أَقوى ← قَويّ	أَحْلَى ← حُلو	أَخَفّ ← خَفيف
(le) plus fort ← fort	(le) plus doux ← doux	(le) plus léger ← léger

1 Colorie l'adjectif et son élatif de la même couleur.

أجمل		أحرّ		جميل	
	طويل		ذكيّ		أقلّ
حارّ		أحسن		أطول	
	أذكى		قليل		حسن

2 Forme l'élatif des adjectifs suivants.

قصير .... | بعيد .... | دقيق ....

صعب .... | واسع ....

L'élatif utilisé comme comparatif

- Quand il est utilisé comme comparatif, l'élatif est **invariable** en **genre** et en **nombre**.

Ex. : أخي أطوَل من أخيك – أختي أطوَل من أختك – كلّ إخوتي أطوَل من إخوتك

- **Remarque** : les noms خَير (bien) et شَرّ (mal) s'utilisent comme des comparatifs.

Ex. : هو خير منّي — Il est meilleur que moi. هو شَرّ منّي — Il est pire que moi.

3 **Complète le dialogue de Karim et Qasim à l'aide des expressions suivantes.**

خير من / أسرع من / أرخص / أكبر من

قاسم : البَنزين غالٍ جداً. أفضّل الديزل لأنّه ....

كريم : معك حقّ يا أخي، لا شكّ أنّ الديزل .... البنزين !

قاسم : وسيّارتي صغيرة، أريد أن أشتري سيّارة جديدة .... هذه.

كريم : الفكرة جيّدة لكنّني اخترتُ الدرّاجة النارية، إنّها .... كلّ السيّارات !!

essence	بَنزين
diesel	ديزَل
bon marché, pas cher	رَخيص
moto	دَرّاجة ناريّة

4 **Sami et ses amis commentent leur photo de classe. Souligne les élatifs.**

سامي : لا أفهمك يا فادي ! شعرك أطول من شعر لينة، وأنت صبيّ ! وهي بنت !!

فادي : المشكلة أنّكم لا تفهمون شيئاً بالموضة، انظروا إلى رشا مع نظّاراتها الضخمة !

رشا : الضخمة ؟! إنّها أصغر من نظّارات إلياس ! وأحلى أيضاً ! وإلياس، كم أنت قصير !

إلياس : قصير قصير، أنا أطول منك ! وأضعف !!

رشا : أخ ! يالله ! قل إنّني بشعة !

إلياس : طيّب، سامحيني يا أختي، أنت جميلة جداً، وأجمل من لينة !

La déclinaison

La déclinaison du nom إِعراب الأَسماء

● Tout **nom** ou **adjectif** utilisé dans une phrase porte une **marque de cas.** Le cas dépend de la **fonction** du nom dans la phrase, et se marque par la **variation de la voyelle finale** du nom. Cette variation s'appelle **déclinaison** إعراب .

● Habituellement, **on ne note pas** la voyelle de la déclinaison. On ne la prononce que très rarement à l'oral, et lorsqu'on lit, on ne la prononce pas à la pause.

● Il existe **trois cas** en arabe :
– le cas **sujet** ou **nominatif** الرَّفْع ;
– le cas **direct** ou **accusatif** النَّصْب ;
– le cas **indirect** ou **génitif** الْجَرّ .

● Emploi des cas :
– On utilise le cas **sujet** pour le sujet du verbe, le mubtadaʾ et le ḫabar de la phrase nominale.
– On utilise le cas **indirect** pour le deuxième terme de l'annexion et pour les noms précédés d'une préposition.
– Pour tous les autres cas, on utilise le cas **direct**.

déterminé		**indéterminé**		
pluriel	singulier	pluriel	singulier	
الرجالُ الكاتباتُ	الرجلُ الكاتبةُ	رجالٌ كاتباتٌ	رجلٌ كاتبةٌ	الرفع
الرجالَ الكاتباتِ	الرجلَ الكاتبةَ	رجالاً كاتباتٍ	رجلاً كاتبةً	النصب
الرجالِ الكاتباتِ	الرجلِ الكاتبةِ	رجالٍ كاتباتٍ	رجلٍ كاتبةٍ	الجرّ

● Attention, le **cas direct du pluriel féminin externe** est identique au cas indirect :
كاتباتٍ الكاتباتِ

1 **Dans le texte suivant, entoure la marque du cas sujet en bleu, encadre celle du cas direct en bleu et celle du cas indirect en noir.**

نزل الشابُّ من القطارِ فرأى فتاةً جميلة تحمل حقيبةً ثقيلة. اقترب منها وسألها بأدبٍ :

– هل تريدين قليلاً من المساعدةِ يا آنستي ؟

– نعم بكلِّ سرورٍ ! شكراً جزيلاً يا سيّدي !

train	قِطار ج ات
valise	حَقيبة ج حَقائِب
aider	ساعَد (يُساعِد)
gare	مَحَطّة ج ات
pressé	مُسْتَعْجِل

– أهلاً وسهلاً، إنّي سعيدٌ جدّاً أن أساعدك. عندك وقتٌ لنشرب قهوةً أو عصيراً في مقهى المحطّةِ ؟

– أنا آسفةٌ يا سيّدي، لا أستطيع، إنّني مستعجلة.

2 **Dans les phrases suivantes, ajoute le tanwīn « اً » comme dans l'exemple.**

Pour écrire le tanwīn [an], on trace d'abord l'alif à la fin du mot, ensuite on place le tanwīn au-dessus de la lettre précédente : قلماً .

أخذت قلماً – شربت عصير...... – رأيت أحد......

– اشتريت قمصانـ...... – أكلت طاجنـ...... –

طال قرونـ...... .

3 **Dans le dialogue suivant, vocalise les mots soulignés.**

Regarde bien si le mot est déterminé ou non avant de le vocaliser !

إلياس : هل شربت كأسك ؟

عارف : نعم، والآن أحبّ أن آكل صحن حمّص أو صحن سلطة.

إلياس : ألا تفضّل قطعة كعك بالشيكولاتة ؟

عارف : لا أحبّ هذا النوع من الكعك ! أعطني الخبز وصحن الزيتون الأخضر، أنا جائع جدّاً !

Cas particuliers

- Il existe **cinq noms** qui ont une **déclinaison particulière**, dont les **deux plus courants** sont أب, **père**, et أخ, **frère**.
- Lorsqu'ils sont en position de **premier terme d'une annexion,** on leur ajoute une voyelle longue, différente selon chaque cas.

annexion	déterminé	indéterminé	
أبوك	الأبُ	أبٌ	الرفع
أباك	الأبَ	أباً	النصب
أبيك	الأبِ	أبٍ	الجرّ

4 **Recopie les phrases suivantes en déclinant les expressions entre parenthèses.**

سلّمت على (أبوك) ....

رأيت (أخوك الصغيرُ) ....

التقينا بِـ (بنتٌ مبتسمةٌ) ....

تعرّف على (فتياتٌ جميلاتٌ) ....

اشتريت (ثيابٌ جديدةٌ) ....

9 Les déterminants numéraux

Les cardinaux

- Les cardinaux ont une **forme différente** pour le **masculin** et le **féminin**. Observe le tableau ci-contre et apprends par cœur ceux de **1 à 9**, en notant bien la présence de la **taʾ marbūṭa uniquement au masculin** (sauf pour 1 et 2).
- Fais bien attention, **11** et **12** ont des formes particulières !
- De **3 à 19**, le déterminant 10 s'accorde en genre.
- De **20** à **99**, le mot désignant les dizaines est invariable en genre.
Pour former les dizaines de **30** à **90**, on utilise le pluriel externe des déterminants 3 à 9 :

ثلاث ثلاثون

ثمانٍ ثمانون

	masculin	féminin
١/1	واحِد	واحِدة
٢/2	اِثْنان	اِثْنَتان
٣/3	ثَلاثة	ثَلاث
٤/4	أَرْبَعة	أَرْبَع
٥/5	خَمْسة	خَمْس
٦/6	سِتّة	سِتّ
٧/7	سَبْعة	سَبْع
٨/8	ثَمانية	ثَمانٍ
٩/9	تِسْعة	تِسْع
١٠/10	عَشَرة	عَشْر
١١/11	أَحَد عَشَر	إِحْدى عَشْرة
١٢/12	اِثْنا عَشَر	اِثْنَتا عَشْرة
١٣/13	ثَلاثة عَشَر	ثَلاث عَشْرة

٢٠/20	عشرون	عشرون
٢١/ 21	واحِد وعشرون	واحِدة وعشرون
٢٢/22	اِثْنان وعشرون	اِثْنَتان وعشرون
٢٣/23	ثَلاثة وعشرون	ثَلاث وعشرون

1 **Écris les nombres suivants en chiffres indiens.**

ستّة وعشرون ....

ثلاثة وأربعون ....

ثمانٍ وتسعون ....

أربع وخمسون ....

اثنتا عشر ....

2 **Écris les nombres suivants en toutes lettres au masculin puis au féminin.**

15 ....

33 ....

56 ....

19 ....

93 ....

N'oublie pas d'inverser le genre des unités et des dizaines à chaque fois!

Les ordinaux

- Les **ordinaux** se forment sur le **schème** فاعِل sauf pour **1er** et **2e**. Observe quel **féminin** prend une **tā' marbūṭa** de manière régulière.
- De **12e** à **19e**, on utilise les **ordinaux** de 2 à 9, auxquels on ajoute عَشَر au masculin et عَشْرة au féminin. Pour **11e**, on utilise حادٍ / الحادي au lieu de أوّل .

onzième	حادي عَشَر	حادية عَشْرة
douzième	ثاني عَشَر	ثانية عَشْرة
treizième	ثالث عَشَر	ثالثة عَشْرة

- À partir de **20e**, on utilise les **cardinaux** pour désigner les **dizaines**. On utilise encore حادٍ / الحادي au lieu de أوّل .

le 21e = الحادي والعشرون

la 65e = الخامسة والستّون

	masculin	féminin
premier	أوَّل	أولى
deuxième	ثانٍ (الثاني)	ثانية
troisième	ثالث	ثالثة
quatrième	رابع	رابعة
cinquième	خامس	خامسة
sixième	سادس	سادسة
septième	سابع	سابعة
huitième	ثامن	ثامنة
neuvième	تاسع	تاسعة
dixième	عاشر	عاشرة

3 Complète les commentaires du journaliste sportif puis lis le texte à haute voix.

أيّها المُشاهدون الأعزّاء

العدّاء المغربيّ الحامل الرقم ...... هو أوّل من يجتاز الخطّ. ويليه مُباشرةً مُنافسه الفرنسيّ الحامل الرقم ...... الّذي يحتلّ المرتبة .... بينما يتنافس العدّاءان رقم ...... ورقم ...... على المرتبة الثالثة.

النتائج هي إذاً : المرتبة ...... للرقم ......، المرتبة الثانية للرقم ...... والمرتبة ...... للرقم ...... أو للرقم ....

N'hésite pas à vocaliser le texte pour préparer ta lecture.

L'accompli

Les emplois de l'accompli

- L'accompli sert à **exprimer le passé**. Pour le former, on ajoute au radical du verbe **un suffixe qui change selon la personne**. Tous les verbes se conjuguent sur le même modèle.
- La 3e personne du masculin singulier de l'accompli, qui ne comporte ni préfixe ni suffixe, sert à désigner le verbe : **il n'y a pas d'infinitif en arabe**. C'est sous cette forme qu'on le trouve dans le lexique et le dictionnaire.

Ex. : parler تَكَلَّمَ travailler عَمِلَ

1 **Peux-tu aider Jihane à reconstituer la carte postale que lui a envoyée son amie Noha à l'aide des verbes ci-dessous ?**

كنتِ سبحتُ حضرنا ذهبنا لعبتُ غنّى

عزيزتي جيهان

.... أمس إلى البحر و.................. طويلاً ثمّ

.... مع إخوتي وأولاد خالتي. وفي المساء

.... سَهْرة رائعة .... فيها مُطربون مشهورون.

آه، لو .... معنا ... !

تحيّاتي وقُبُلاتي.

صديقتك نهى

2 **Lis le dialogue suivant. Souligne les verbes conjugués à l'accompli, mets-les à la 3e personne du masculin singulier.**

À l'accompli, les verbes n'ont pas de préfixe !

مصطفى : تفرّجتَ على التلفزيون البارحة ؟ سمعتَ الأخبار ؟

عبد الملك : نعم، عرفتُ أنّ هيفاء وهبي سجّلتْ أغاني جديدة.

مصطفى : أعجبَتْك كلّ الأغاني ؟

عبد الملك : نعم، وجدتُها كلّها رائعة... كالعادة !

مصطفى : أنا لا. أحببْتُ الأولى والثالثة فقط. فضّلتُ ألبوم نانسي عجرم.

....

....

La conjugaison de l'accompli

Le verbe qui sert de modèle est le verbe *faire*. Voici la conjugaison du verbe ***faire*** à l'accompli.

pluriel الجَمع	duel المُثَنّى	singulier المُفرَد	
فعلْنا	فعلْنا	فعلْتُ	المُتكلِّم
فعلْتُمْ	فعلْتُما	فعلْتَ	المُخاطَب
فعلْتُنَّ		فعلْتِ	المُخاطَبة
فعلوا	فعلا	فعلَ	الغائِب
فعلْنَ	فعلَتا	فَعلَتْ	الغائِبة

3 **Réponds aux questions suivantes comme dans l'exemple ci-dessous.**

– هل وصل ضيوفكم ؟ – نعم، وصلوا أمس.

١. هل أحبّ ضيوفكم الحفلة ؟ – نعم، ....

٢. هل شرب إخوتك العصير ؟ – نعم، ....

٣. هل أكل أولاد عمّك الشوكولاتة ؟ – نعم، ....

٤. هل سمع أصحابك هذه الأغنية ؟ – نعم، ....

٥. هل قرأ التلاميذ هذا الكتاب ؟ – نعم، ....

٦. هل أخذ أهلك سيّارتهم ؟ – نعم، ....

À la 3e personne du masculin pluriel, le verbe se termine par وا . L'alif ne se prononce pas : c'est un alif orthographique. Lorsqu'on ajoute un pronom affixe, cet alif orthographique disparaît.
Ex. **: أكلوا الخبز ← أكلوه**

4 **Lis le dialogue suivant. Souligne les verbes conjugués à l'accompli et indique les pronoms personnels correspondants.**

سالم : ذهبنا أمس إلى المسرح ورأينا مسرحيّة مُضحكة جدّاً. ....

عبد النور : مع من كُنْتَ ؟ مع أختك ؟ ذهبتما وحدكما ؟ ....

سالم : لا ! ذهبنا أنا وأختي مع أولاد خالنا. وصلوا قبل ثلاثة أيّام من تونس. ....

عبد النور : سافروا بالباخرة ؟ ....

سالم : خالي سافر بالباخرة مع ابنه الكبير. أمّا الأمّ والبنتان فسافرن بالطائرة. ....

عبد النور : والبنتان خرجتا معكم أمس ؟ ....

سالم : طبعاً، وكان ابن خالي معنا... أعجبتهم المسرحيّة كثيراً ! ....

théâtre	مَسْرَح
pièce de théâtre	مَسْرَحيّة
drôle	مُضْحِك
bateau	باخِرة

11 L'inaccompli indicatif

Les emplois de l'inaccompli indicatif

- L'inaccompli indicatif sert à **exprimer le présent et le futur.** On ajoute au radical du verbe un préfixe ; et, à certaines personnes, on ajoute également un suffixe.
- Pour situer avec précision dans le futur, on peut **ajouter un préverbe** quand il n'y a aucune indication de temps.
Ex. : يُسافر غداً ، سَيُسافر عن قريب ، سَوْفَ يُسافر فيما بعد
- Le **radical des verbes à l'inaccompli** ne diffère généralement du radical de l'accompli que par les voyelles. Ce changement est toujours indiqué dans le lexique ou le dictionnaire.
Ex. : partir en voyage سافَرَ (يُسافِر)
Pour les verbes simples de 3 lettres comme عَمِلَ ـَـ, on note seulement la voyelle de la 2e lettre du radical. On lit : عَمِلَ يَعْمَلُ.

1 **Quel est l'accompli des verbes suivants ?**

١. يَنْتَظِرُ : ....
٢. يَدْرُسُ : ....
٣. يُسَلِّمُ : ....
٤. يُغادِرُ : ....
٥. يَسْتَمِعُ : ....
٦. يَحْمِلُ : ....

2 **Peux-tu aider Younis à reconstituer le message que lui a laissé sa mère sur le répondeur à l'aide des verbes ci-dessous ?**

سَأَدْفَعُ – سَتَطْلُبُ – تَأْخُذُ – تَرْجِعُ – سَتَجِدُ – نَحْتاجُه – سَتَذْهَبُ – سَتَمُرُّ

عندما .... من المدرسة، .... إلى عند اللحّام. .... منه اللحم الّذي .... للعشاء. .... أنا غداً. ثمّ .... عند بائع الخُضرة و................ كيلو من الفواكه. .... ١٠ دنانير في المكان المُعتاد.

À l'inaccompli, certains verbes comme سافَرَ (يُسافِر) ont un préfixe vocalisé ـُـ . Tous les autres ont un préfixe vocalisé ـَـ .

La conjugaison de l'inaccompli indicatif

Tous les verbes se conjuguent sur le même modèle. Voici la conjugaison du verbe ***faire*** **à l'inaccompli indicatif.**

	singulier المُفرَد	duel المُثَنّى	pluriel الجَمع
المُتكلِّم	أَفْعلُ	نَفْعلُ	نَفْعلُ
المُخاطَب	تَفْعلُ	تَفْعلانِ	تَفْعلونَ
المُخاطَبة	تَفْعلينَ		تَفْعلْنَ
الغائِب	يَفْعلُ	يَفْعلانِ	يَفْعلونَ
الغائِبة	تَفْعلُ	تَفْعلانِ	يَفْعلْنَ

3 **Complète le tableau suivant.**

			نقْترِبُ				نَحْنُ
				تسْمَعونَ			أنْتُمْ
تَتَناوَلْنَ							أنْتُنَّ
	تَنْتَقِلانِ						أنتما
						يَعْرِفونَ	هُم
		يرجِعنَ					هُنَّ
					يَنْظُرانِ		أشرف ونديم
					تَنْظُرانِ		ريما وغزلان

Lorsqu'on parle de deux personnes ou de deux choses, on emploie obligatoirement le duel.

4 **Relie le verbe conjugué à l'accompli au verbe conjugué à l'inaccompli à la même personne.**

١. انْتَظَرْتِ •	• ا – يَنْتَظِرانِ
٢. انْتَظَرا •	• ب – يَنْتَظِرْنَ
٣. انْتَظَروا •	• ج – أَنْتَظِرُ
٤. انْتَظَرْتُما •	• د – تَنْتَظِرانِ
٥. انْتَظَرْنَ •	• ه – تَنْتَظِرُ
٦. انْتَظَرَتْ •	• و – تَنْتَظِرينَ
٧. انْتَظَرْنا •	• ز – يَنْتَظِرونَ
٨. انْتَظَرْتُ •	• س – نَنْتَظِرُ

5 **Nabila est enthousiaste pour tout ce qui est nouveau, mais son amie Hind, au contraire, a déjà toujours tout expérimenté : une vraie rabat-joie ! Réponds à sa place...**

نبيلة : لماذا لا تذهبين معي إلى المتحف لنُشاهِد مَعْرَض «الفَراعِنة» ؟

هند : ذهبتُ إلى المتحف أمس وشاهدتُ المعرض !

نبيلة : لماذا لا تستمعين إلى أُسْطُوانة «شاكيرا» الجديدة ؟

هند : ....

نبيلة : لماذا لا تَتسجّلين في نادي التنس القريب وتلعبين معي يوم السبت ؟

هند : ....

musée	مَتْحَف
exposition	مَعْرَض
pharaon	فِرْعَوْن ج فَراعِنة
disque	أُسْطُوانة
s'inscrire	تَسَجَّلَ (يَتَسَجَّل)
club de tennis	نادي التِّنِس

12 L'inaccompli subjonctif

Les emplois de l'inaccompli subjonctif

- **L'inaccompli subjonctif** s'utilise **obligatoirement après certaines particules**, comme أَنْ et لَنْ.

Ex. : Je veux que tu viennes avec moi au cinéma. أريد أنْ تَذهبَ معي إلى السينما

Je ne sortirai pas ce soir. لن أخرجَ مساءَ اليوم

- Il est **formé à partir de l'inaccompli indicatif** :

– les personnes qui se terminaient par la voyelle ـُـ prennent la voyelle ـَـ ;

– les personnes qui se terminaient par un ن perdent ce ن sauf au féminin pluriel.

1 **Aide Ibrahim à distinguer أَنْ et لَنْ dans le message que lui a laissé son frère Kamel.**

يصل أبو أحمد في السابعة والنصف. كان عليّ ...... أستقبله في المطار. لكنّي لا
أستطيع ...... أكون هناك في الوقت المناسب فعندي موعد عند طبيب الأسنان في
السادسة و...... أخرج قبل السادسة والنصف. ويجب عليّ أيضاً ...... أمرّ بمكتب البريد
قبل ...... يغلق ! فهل بإمكانك يا أخي العزيز ...... تذهب أنت إلى المطار ؟ تستطيع ......
تأخذ سيّارتي ! على كلّ حال ...... أتأخّر وسأراكما في الدار.

2 **Complète le dialogue suivant entre Marie et son ami Majdi avec les verbes de la liste ci-dessous.**

أترُكَ – يُوافِقَ – تُسافِرَ – أُسافِرَ – أَدفَعَ – تَسأَلي – تُسافِري.

ماري : أحبّ أن .... إلى الأُردُن خلال العطلة.

مجدي : من الأفضل أن .... في الربيع أو في الشتاء.

ماري : لماذا ؟ أنا لا أستطيع أن .... عملي في الربيع.

مجدي : على كلّ حال يجب أن .... وكالة السفر !

ماري : لا يُعجبك أن .... أنت معي ؟ أنت تتكلّم العربية جيّداً !

مجدي : صحيح ولكن لن .... أبي ولا أستطيع أن .... بنفسي ثمن البطاقة !

3 **Aide Virginie à répondre en arabe à sa correspondante Nora, qui lui avait décrit ses projets d'avenir dans son précédent courrier.**

Les projets de Virginie :
- dès maintenant : apprendre l'arabe, inviter Nora chez elle ;
- pendant les vacances : voyager dans le monde arabe, visiter le musée du Caire ;
- plus tard : travailler dans un pays arabe.

....

....

....

....

Lorsque le sujet du verbe de la principale est le même que celui de la subordonnée introduite par أَنْ, on utilise généralement en français l'infinitif. *Ex.* :

تحبّ مُنى أن تأكلَ حلويّات
Mouna aime manger des sucreries.

La conjugaison de l'inaccompli subjonctif

Voici la conjugaison du verbe *faire* à l'inaccompli subjonctif.

	singulier المُفرَد	duel المُثنّى	pluriel الجَمع
المُتكلِّم	أفْعلَ	نَفْعلَ	نَفْعلَ
المُخاطَب	تَفْعلَ	تفْعلا	تَفْعلوا
المُخاطَبة	تَفْعلي		تَفْعلْنَ
الغائِب	يَفْعلَ	يفْعلا	يفْعلوا
الغائِبة	تَفْعلَ	تَفْعلا	يفْعلْنَ

4 **Fais précéder les verbes suivants de l'expression يَجِب أن (*il faut que*).**

١. ترجعين إلى الدار بسرعة. ....

٢. ينامون قبل العاشرة. ....

٣. تدرسن العربيّة والإنكليزيّة. ....

٤. تتكلّمان مع أستاذ الرياضة. ....

٥. أنتظرُ أخي أمام المدرسة. ....

5 **Lis le dialogue suivant entre Charif et Naïm, puis imagine la même conversation entre leurs sœurs, Malika et Siham.**

شريف : هل تحبّ أن تركبَ درّاجتي النّاريّة الجديدة ؟

نعيم : طبعاً، أحبّ أن أجرّبها لكنّي أخاف ألاّ تسمح لي أمّي بذلك.

شريف : لماذا تريد أن تُخبرَها بالموضوع ؟ يمكنكَ أن تفعلَ ما تريد دون أن تقولَ كلّ شيء لأمّكَ...

نعيم : لا، لابُدّ أن أسألها أوّلاً. لا أستطيع أن أكذبَ عليها.

شريف : كما تريد ! على كلّ حال أنا مستعدّ لأن أمرّ عندكَ هذا المساء. لكنّي لن أنتظرَكَ طويلاً.

جرَّب (يُجرِّب)	essayer
مَوْضوع	sujet
كَذَبَ ـــ	mentir
مُسْتَعِدّ لِـ	prêt à

....
....
....
....
....

La particule أن suivie de la négation لا se transforme en ألاّ .

L'inaccompli apocopé

Les emplois de l'inaccompli apocopé

● L'inaccompli apocopé s'utilise **obligatoirement après la particule** لَمْ (négation du passé). Il s'utilise **aussi avec la particule** لا pour donner un ordre négatif et avec **la particule** لِـ **pour donner un ordre** aux personnes où l'impératif n'existe pas (1e et 3e personnes).

Ex. : Je n'ai pas bien entendu. لم أسمعْ جيّداً.

Ne t'approche pas de moi ! ! لا تقتربْ منّي

Qu'il entre ! ! لِيدخُلْ

● Il est formé **à partir de l'inaccompli subjonctif** : les personnes qui se terminaient par la voyelle ـَ prennent un ـْ. Les autres personnes sont identiques.

1 **Lis le fait divers suivant. Relève les verbes à l'apocopé et indique la forme sous laquelle tu les trouverais dans un lexique ou un dictionnaire (3e personne du masculin singulier de l'accompli).**

لمّا وصل السيّد س. صباح اليوم إلى مكتبه وجد الباب مفتوحاً. لكنّه لم يجدْ أحداً داخل المكتب. نظر جيّداً ولم يُلاحِظْ أيّ تغيّر في المكان. اتّصل بالشرطة فوصلت فوراً. فتّشت الشرطة المكان ورأت آثاراً لم ينتبِهْ إليها السيّد س. فلم تلبثْ أن تفهم أنّ لِصّاً قد دخل المكتب في الليل. لكنّها لم تفهمْ لماذا، إذ لم يسرقْ اللصّ الـ ١٠٠٠ درهم الّتي تركها السيّد س. في مكتبه. كما أنّ الشرطة لم تفهمْ كيف استطاع اللصّ أن يدخل إذ لم يتركْ السيّد س. الباب مفتوحاً أمس ولا يملك أحد غيرُه مفاتيح المكتب.

changement	تَغَيُّر
téléphoner à	اِتَّصَلَ (يَتَّصِلُ) بِـ
fouiller	فَتَّشَ (يُفَتِّشُ)
voleur, bandit	لِصّ
posséder	مَلَكَ ـ

....

....

....

2 **Fayza change sans cesse d'avis. Elle donne un ordre, puis immédiatement l'ordre contraire. Complète ce qu'elle dit à ses jeunes frères et sœurs.**

– يا سامي، اِذْهَبْ إلى السوق الآن ! لا، لا تَذْهَبْ !

– يا سامي، اُخْرُجْ من المطبخ ! ....

– يا دليلة، اُدْخُلي إلى الحمّام ! ....

– يا سامي ومُختار، اِنْزِلا فَوْراً ! ....

– يا جماعة، كُلوا كلّ شَيْء ! ....

– يا جماعة، اِشْرَبوا العصير ! ....

L'impératif et l'inaccompli apocopé présentent les mêmes terminaisons.

La conjugaison de l'inaccompli apocopé

Voici la conjugaison du verbe ***faire*** **à l'inaccompli apocopé.**

pluriel الجَمع	duel المُثَنّى	singulier المُفرَد	
نَفْعلْ	نَفْعلْ	أَفْعلْ	المُتَكَلِّم
تَفْعلوا	تَفْعلا	تَفْعلْ	المُخاطَب
تَفْعلْنَ		تَفْعلي	المُخاطَبة
يَفْعلوا	يَفْعلا	يَفْعلْ	الغائِب
يَفْعلْنَ	تَفْعلا	تَفْعلْ	الغائِبة

3 **Le directeur est de très bonne humeur. Il dit oui à tout. Complète ses phrases comme dans le modèle suivant.**

يريد مالك أن يخرج الآن ؟ فَلْيخرجْ !

١. يريد التلاميذ أن يُشاهدوا المباراة ؟ ....

٢. تريد التلميذات أن يلبسن فساتين قصيرة ؟ ....

٣. تريد الأستاذة أن تحضر مسرحيّة مع تلاميذها ؟ ....

٤. تريدون أن نستقبل المُراسلين ؟ ....

On utilise فَلْـ suivi de l'inaccompli apocopé exactement comme لِـ.

4 **Nassim et Basma ont fait une petite fête dans le salon et leurs parents viennent de rentrer... Dans le dialogue suivant, souligne en noir les verbes à l'inaccompli subjonctif et souligne en bleu les verbes à l'inaccompli apocopé.**

الأمّ : يا نسيم، يجب أن تأخذ زجاجات الكازوز إلى المطبخ !

نسيم : ولكن لا أستطيع أن أحملها كلّها وحدي... ثمّ أنا لم أشرب شيئاً !

الأب : اطلب من باسمة أن تساعدك إذن !

الأمّ : لا، باسمة لن تخرج من الصالون ! عليها أن تُرجع كلّ الكراسي مكانها وأن تُنظِّف الأرض.

باسمة : ولكنّي لم أُوسِّخ شيئاً ! لن أعمل كلّ هذا العمل وحدي !

الأب : اسكتا ولا تتشاجرا ! نحن نخرج الآن ونرجع بعد ساعة، نريد أن يكون الصالون نظيفاً عند عودتنا. مفهوم أمْ لا ؟؟!!

bouteille	زُجاجة ج ات
soda	كازوز
cuisine	مَطْبَخ
remettre	أَرْجَعَ (يُرْجِع)
nettoyer	نَظَّفَ (يُنَظِّف)
salir	وَسَّخَ (يُوَسِّخ)
se disputer	تَشاجَرَ (يَتَشاجَر)

La négation du verbe

La négation du présent et du futur

- Pour la **négation du présent**, on utilise la négation لا suivie de l'inaccompli indicatif.
  Ex. : Je ne connais pas cet acteur. لا أعرفُ هذا المُمثِّل
- Pour la négation **du futur**, on utilise la négation لَنْ suivie de l'inaccompli subjonctif.
  Ex. : Il ne voyagera pas pendant ces vacances. لن يُسافرَ خلال هذه العطلة

1 **Mets les phrases suivantes à la forme négative.**

١. يعمل أخي في المستشفى. ....
٢. ستنتظرين حتّى السابعة. ....
٣. نتكلّم الروسيّة. ....
٤. ستُخبرون أباكم عن ذلك. ....
٥. سيحتفلان بِعيد ميلاد ابنهما. ....

2 **Lis attentivement le dialogue ci-dessous. Mets toutes les voyelles brèves des verbes.**

مراد : لا أستطيع أن ألعب التنس معك مساء اليوم. سأتعشّى مع ابن عمّي في مطعم هنديّ جديد.
عائشة : ألن تمرّ عندي ؟ سأسافر غداً إلى الجزائر ولن أعود إلى هنا قبل شهرين...
مراد : سأحاول. ولكن... ألا تعرفين ابن عمّي خالد ؟
عائشة : بلى، أعرفه جيّداً، لا يحبّني ولا أحبّه.
مراد : إذن... لا تريدين أن تتعشّي معنا ؟!
عائشة : أبداً. لا أتحمّله !
مراد : طيّب ! سأمرّ عندك في السابعة ولكن لن أتأخّر. هو لن ينتظرني أكثر من خمس دقائق.
عائشة : يا له من شابّ غليظ !

Pour dire *est-ce que...?*, devant une négation, on emploie l'interrogatif أ.
Ex. : ألا تعرفهم ؟

La négation du passé

- Pour la négation du passé, on utilise généralement la **négation** لَمْ **suivie d'un verbe à l'inaccompli apocopé.**
  Ex. : Nous n'avons pas attendu longtemps. لم نَنْتَظِرْ طويلاً
- À l'oral et dans certaines expressions figées, on emploie assez souvent la **négation** ما **suivie d'un verbe à l'accompli.**
  Ex. : Il n'est pas rentré dans son pays depuis un an. ما رَجَعَ إلى بلده منذ عام

Le pluriel des noms

1

م	س	ا	ف	ر	و	ن
ش	ا	ه	د	و	ن	و
ر	ا	ف	ض	ا	ت	ث
ف	ر	ي	د	ا	ت	ح
و	ا	ث	ق	و	ن	ا
ن	ا	ء	ب	ا	ت	ب
م	ق	ر	ر	ب	و	ن
ص	ب	ب	ا	غ	و	ن
ح	د	د	ا	د	و	ن
ف	ل	ل	ا	ح	و	ن

مسافرون، مشرفون، شاهدون، رافضات، فريدات، واثقون، نائبات، باحثون، مقرّبون، صبّاغون، حدّادون، فلاّحون.

2

الجنسيّة

سوريّون، ألمانيّون، فرنسيّون، جزائريّون، مصريّون

الأعمال اليدويّة

عطّارون، خبّازون، صيّادون، بقّالون، طبّاخون

الأعمال الأخرى

مهندسون، معلّمون، مفكّرون، رياضيّون

3

معلّم المدرسة ← معلّمو المدرسة
سائق السيّارة ← سائقو السيّارة
مهندس المدرسة ← مهندسو المدرسة
ممثّل الفيلم ← ممثّلو الفيلم
مطرب الحفلة ← مطربو الحفلة

4

شادي : أُنظر كيف تستقبل كليوباترا ضيوفها في قصرها. الأفريقيّين والأوروبيّين والفلسطينيّين والسوريّين.

باسم : أرأيت كيف تقوم الخادمات بتقديم أشهى أنواع المأكولات !

شادي : ألا ترى كيف يقترب الفنّانون من الملكة ؟

باسم : ويغنّي المطربون وترقص الراقصات على أنغام الموسيقيّين.

شادي : أُنظر إلى النحّاتين والرسّامين الذين يصنعون هيكلاً مُصَغَّراً عن الأهرامات.

باسم : يا لها من حضارة رائعة !

singulier		pluriel	participe	adjectif de relation	noms de métier
الأفريقيّ	ج	الأفريقيّون		X	
الخادمة		الخادمات	X		
الفنّان		الفنّانون			X
المطرب		المطربون	X		
الراقصة		الراقصات	X		

2 Le nom et le groupe nominal

Le pluriel des noms (suite)

1 Par exemple :

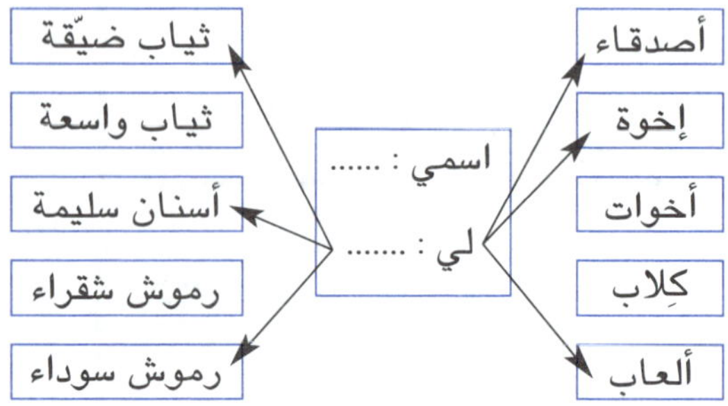

2 Verticalement :

A. أسَد — أُسود
B. جنديّ — جُنُود
C. سَبَب — أسْباب
D. دين — أديان
E. ضَوء — أضواء

Horizontalement :

١. مرض — أمراض
٢. فرد — أفراد
٣. سيف — سيوف
٤. جَبَل — جبال
٥. سِنّ — أسنان
٦. بَلَد — بِلاد

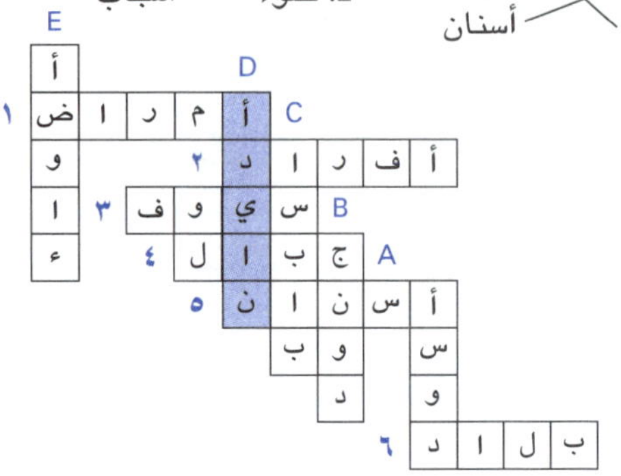

3

المُفْرَد	الجَمْع	المُفْرَد	الجَمْع	المُفْرَد	الجَمْع
مكتب	مكاتب	نافذة	نوافذ	مسكين	مساكين
مطبخ	مطابخ	قالب	قوالب	مصباح	مصابيح
مدرسة	مدارس	جائزة	جوائز	مزمار	مزامير
مركب	مراكب	مركز	مراكز	مفتاح	مفاتيح

4

أفعال	فَواعِل	فُعَل	مَفاعِل	فِعال
أنهار	عَواصِم	دُوَل	مَمالِك	بِحار

3 Le nom et le groupe nominal

Le pluriel des non-humains

1 هذه التماثيل التي اكتشفها أبي سرقها منه قراصنة يمتلكون قوارب ضخمة.

– كنت أصيد الأسماك وآكلها.
– هنا، تتحرّك الأشجار وترقص النباتات !

2

– في هذه الجزيرة أسود متوحشة ونمور مُخيفة.
– اكتشفت تماثيل ضخمة ولكن سرقها القراصنة.
– اكتشفت مخطوطات تدلّ على حضارات قديمة.

3

١. تركض الزرافات في الحقول الخضراء.
٢. تسبح التماسيح الضخمة في الأنهار العريضة.
٣. تقفز القرود في مساكنها وتأكل الموز.
٤. تزقزق العصافير في أعشاشها.
٥. تتدرّب الببغاوات على العروض مع مدرّبيها.

4

تسير الباخرة على نهر النيل وعلى ظهرها سُيَّاح كثيرون ينظرون إلى المَراكِب الصغيرة. على الشاطئ بُيوت بيضاء وبقربها نَخلات خضراء عالية. فوق النهر تطير عَصافير جميلة من كلّ الألوان.

5

مريم : أنظروا، هذه هي غُرَف الملك وتلك هي غُرف الملِكة.

أحد السيّاح : لماذا كان الملك يستخدم كُلّ هذه الغرف ؟

مريم : كان الملك يستقبل ضيوفه في بعضـها، وبعضها الآخر كان فيها التماثيل الكبيرة والهدايا المبعوثة من كلّ مكان.

أحد السيّاح : وهذه هي غرف الأكل ؟

مريم : لا، هذه هي مطابخ الملك.

أحد السيّاح : وماذا كان يوجد في هذا الإسطبل ؟

مريم : كان هناك أجود الخيول العربيّة التي اشتراها الملك بأسعار باهظة.

أحد السيّاح : إنّها حقاً رائعة !

4 Le nom et le groupe nominal

Détermination et indétermination

1

قرية	دفتر الطالب	أرضه	جامعة تونس الدولية	ملعب كرة القدم
معهد	مدينة الملاهي	حصانه	معرض دمشق الدولي	كُرسي غرفة الجلوس
أجراس	كتاب الجغرافيا	مكتبهم	جمهورية مصر العربيّة	مدير مركز الإسعاف
أرض	كلية الآداب	طائراتهم	مطار بيروت الدولي	معدات طبيب الأسنان

2

خبّاز – بقّال – بائع أحذية – صيدليّ – بائع مجوهرات – لحّام – بائع ملبوسات.

3

مكتبة – مخزن ملابس – باحة – بائع زهور مطعم الأمراء – حلويات الأفراح – غرفة الأساتذة – غرفة التمريض – مخبز – مكتب المدير – صفوف – مقاعد – سبورة – مرحاض.

4

كارولين : هل تعرفين أن علماء الآثار اكتشفوا آثاراً عديدة في سوريا ؟

ديانا : وماذا وجدوا ؟

كارولين : وجدوا مدينة قديمة تحت مدينة دمشق.

ديانا : رائع وهل هذا هو الاكتشاف الوحيد ؟

كارولين : لا، فقد وجدوا أيضا مدينة قديمة تُسمّى ماري وفيها نسخة قديمة عن التوراة.

ديانا : لقد سمعت أنّهم وجدوا مدينة ايبلا في الصحراء السوريّة.

كارولين : صحيح لكن... ألا توجد مدينة تَدمُر أيضا في منطقة صحراويّة ؟

ديانا : بلَى، ويُقال إنّ هناك الكثير من المراكِز الأثريّة والمُدُن الّتي لم تُكتشف بعد.

5 Le nom et le groupe nominal

Le duel du nom et du pronom

1

هذا الأرنب له أُذنان وله شاربان وعينان وخدّان ونابان.

2

ليمونة ← ليمونتان

رمّانة ← رمّانتان

برتقالة ← برتقالتان

إجّاصة ← إجّاصتان

3

أ	س	د	ا	ن		
ن	م	ر	ا	ن		
ت	م	س	ا	ح	ا	ن
غ	ز	ا	ل	ا	ن	
د	ب	ب	ا	ن		
ف	ق	م	ت	ا	ن	
ز	ر	ا	ف	ت	ا	ن

4

عندهما بيت	هذا البيت لهما	هذا بيتهما
عندهما كلبان	هذان الكلبان لهما	هذان كلباهما
عندهما غرفتان	هاتان الغرفتان لهما	هاتان غرفتاهما
عندهما كتابان	هذان الكتابان لهما	هذان كتاباهما

6 Le nom et le groupe nominal

Les relatifs الاِسم المَوصول

1 الأمّ : هل تحدّثتِ مع جارنا الجديد الّذي يسكن في الطابق الثالث ؟
سامية : لا، ولكن التقيت ببنته الّتي تدرس في ثانويّة «ابن سينا» مثلي.
الأمّ : صحيح ؟ وهل تعرّفتِ على صديقتكِ الّتي تسكن أيضاً في عمارتنا ؟
سامية : سنلتقي بمُنية هذا المساء لأنّنا ذاهبات جميعاً إلى السينما لمُشاهدة الفيلم الوثائقيّ الّذي صوّروه في حيّنا في الصيف الماضي.

2 أعطني القلم الّذي وجدتَه تحت الطاولة.
أخذ معه الحاسوب الّذي طلبناه منه.
حفظتم الأغنية الّتي غنّيتُها لكم.
دعانا إلى حفلته الّتي تُقام الجمعة مساءً.

3 سلّمت على الزملاء الّذين يعملون معي في المكتب.
استقبلتنا الفتيات اللواتي تكلّم عنهنّ أبي.
ذهبتُ إلى السوق لأشتري الفساتين الّتي رأيتها أمس.
وصل إخوتي الّذين يعيشون الآن في الخارج.
نظرنا إلى الراقصات اللواتي كنّ يتركن المرقص.
يخاف زوجي من الكلاب الّتي تقف أمام محطّة المترو.

4 الأمّ : ما رأْيكِ في الفُسْتان الّذي تَمسِكه البائِعة ؟
لينة : الفُستان الأَخْضَر ؟ جَميل، لكِنَّني أُفَضِّل ذلِكَ الفُسْتان الأَزْرَق الّذي هو أَمامُكَ.
الأمّ : وأنتِ ؟ لا تُعْجِبُكِ القُمْصان الّتي على يَمينِكِ ؟
نادية : يُعْجِبُني القَميص الوَرْديّ الّذي أَخَذْتَه أنتِ، أَمّا القُمْصان الأُخرى التي رَأَيْتُها فَلا تُعْجِبُني لأَنّي لا أُحِبُّ الأَصْفَر ولا الأَسوَد ولا البُرْتُقاليّ.
الأمّ : أنتِ الّتي كُنْتِ تقولين إِنَّك تُحِبِّين كُلّ الأَلوان !!!

7 Le nom et le groupe nominal

L'expression de la comparaison

1 جميل/أجمل – حسن/أحسن – ذكيّ/أذكى
قليل/أقلّ – طويل/أطول – حارّ/أحرّ

2

قصير أقصر	بعيد أبعد	
صعب أصعب	واسع أوسع	دقيق أدقّ

3 قاسم : البَنزين غال ٍجداً. أفضّل الديزل لأنه أرخص.
كريم : معك حقّ يا أخي، لا شكّ أنّ الديزل خير من البنزين !
قاسم : وسيّارتي صغيرة، أريد أن أشتري سيّارة

جديدة أكبر من هذه.
كريم : الفكرة جيّدة لكنّني اخترتُ الدرّاجة الناريّة، إنّها أسرع من كلّ السيّارات !!

4
سامي : لا أفهمك يا فادي ! شعرك أطول من شعر لينة، وأنت صبيّ ! وهي بنت !!
فادي : المشكلة أنّكم لا تفهمون شيئاً بالموضة،

انظروا إلى رشا مع نظّاراتها الصغيرة !
رشا : الصغيرة ؟! إنّها أكبر من نظّارات إلياس ! وأحلى أيضاً ! وإلياس، كم أنت طويل !
إلياس : طويل طويل، أنتِ أطول منّي ! وأضعف !!
رشا : أخ ! ياالله ! قل إنّني بشعة !
إلياس : طيّب، سامحيني يا أختي، أنت جميلة جدّاً، وأجمل من لينة !

8 Le nom et le groupe nominal — La déclinaison

1
نزل الشابُّ من القطارِ فرأى فتاةً جميلة تحمل حقيبةً ثقيلة. اقترب منها وسألها بأدب :
– هل تريدين قليلاً من المساعدةِ يا آنستي ؟
– نعم بكلِّ سرورٍ ! شكراً جزيلاً يا سيّدي !
– أهلاً وسهلاً، إنّي سعيدٌ جدّاً أن أساعدك. عندك وقتٌ لنشرب قهوةً أو عصيراً في مقهى المحطّةِ ؟
– أنا آسفةٌ يا سيّدي، لا أستطيع، إنّني مستعجلة.

2
أخذت قلماً – شربت عصيراً – رأيت أحداً – اشتريت قمصاناً – أكلت طاجناً – طال قروناً.

3
إلياس : هل شربت كأسَكَ ؟
عارف : نعم، والآن أحبّ أن آكل صحنَ حمّص أو صحنَ سلطة.
إلياس : ألا تفضّل قطعةَ كعكٍ بالشيكولاتة ؟
عارف : لا أحبّ هذا النوعَ من الكعكِ ! أعطني الخبزَ وصحنَ الزيتونِ الأخضر، أنا جائعٌ جدّاً !

4
سلّمت على أبيك.
رأيت أخاك الصغير.
التقينا ببنتٍ مبتسمةٍ.
تعرّف على فتياتٍ جميلاتٍ.
اشتريت ثياباً جديدةً.

9 Le nom et le groupe nominal — Les déterminants numéraux

1

ستّة وعشرون ٢٦	ثمانٍ وتسعون ٩٨
اثنتا عشر ١٢	ثلاثة وأربعون ٤٣
أربع وخمسون ٥٤	

2

١٥	خمسة عشر / خمس عشرة
٣٣	ثلاثة وثلاثون / ثلاث وثلاثون
٥٦	ستّة وخمسون / ستّ وخمسون
١٩	تسعة عشر / تسع عشرة
٩٣	ثلاثة وتسعون / ثلاث وتسعون

3
أيُّها المُشاهدونَ الأعزّاء
العَدّاءُ المَغْربيُّ الحامِلُ الرَّقم اثْنَي عَشر هو أوّلُ من يَجتازُ الخطَّ. وَيليه مُباشرةً مُنافِسُهُ الفرَنْسيُّ الحامِلُ الرَّقمَ أرْبعة الّذي يَحتلُّ المَرتَبة الثّانية. بَيْنَما يَتَنافَسُ العَدّاءانِ رَقْمُ خَمْسة وَرَقْمُ أحَد عَشَر عَلى المَرْتَبةِ الثّالثة.
النَّتائِجُ هي إذاً : المَرْتَبةُ الأولى لِلرَّقْمِ اِثْنَي عَشَر، المَرْتَبةُ الثّانيةُ لِلرَّقم أرْبَعة وَالمَرْتَبةُ الثّالِثَةُ لِلرَّقمِ خَمْسة أوْ لِلرَّقمِ أحَد عَشَر.

10 Le verbe et le groupe verbal

L'accompli

1

عزيزتي جيهان

ذهبنا أمس إلى البحر وسبحتُ طويلاً ثمّ لعبتُ مع إخوتي وأولاد خالتي. وفي المساء حضرنا سَهْرة رائعة غنّى فيها مُطربون مشهورون. آه، لو كنتِ معنا ... !

تحيّاتي وقبُلاتي.

صديقتك نهى

2

تفرّجت ← تَفَرَّجَ   أعجبَتْك ← أَعْجَبَ

سمعت ← سَمِعَ   وجدتُها ← وَجَدَ

عرفتُ ← عَرَفَ   أحببْتُ ← أَحَبَّ

سجّلتْ ← سَجَّلَ   فضّلتُ ← فَضَّلَ

3

١. هل أحبّ ضيوفكم الحفلة ؟ – نعم، أحبّوا الحفلة.

٢. هل شرب إخوتك العصير ؟ – نعم، شربوا العصير.

٣. هل أكل أولاد عمّك الشوكولاتة ؟ – نعم، أكلوا الشوكولاتة.

٤. هل سمع أصحابك هذه الأغنية ؟ – نعم، سمعوا هذه الأغنية.

٥. هل قرأ التلاميذ هذا الكتاب ؟ – نعم، قرؤوا هذا الكتاب.

٦. هل أخذ أهلك سيّارتهم ؟ – نعم، أخذوا سيّارتهم.

4

سالم : ذهبنا (نحن) أمس إلى المسرح ورأينا (نحن) مسرحيّة مُضحكة جدّاً.

عبد النور : مع من كُنْتَ (أنتَ) ؟ مع أختك ؟ ذهبتما (أنتما) وحدكما ؟

سالم : لا ! ذهبنا (نحن) أنا وأختي مع أولاد خالنا. وصلوا (هم) قبل ثلاثة أيّام من تونس.

عبد النور : سافروا (هم) بالباخرة ؟

سالم : خالي سافر (هو) بالباخرة مع ابنه الكبير. أمّا الأمّ والبنتان فسافرن (هنّ) بالطائرة.

عبد النور : والبنتان خرجتا (هما) معكم أمس ؟

سالم : طبعاً، وكان (هو) ابن خالي معنا... أعجبتهم (هي) المسرحيّة كثيراً !

11 Le verbe et le groupe verbal

L'inaccompli indicatif

1

١. يَنْتَظِرُ : اِنْتَظَرَ   ٤. يُغادِرُ : غادَرَ

٢. يَدْرُسُ : دَرَسَ   ٥. يَسْتَمِعُ : اِسْتَمَعَ

٣. يُسَلِّمُ : سَلَّمَ   ٦. يَحْمِلُ : حَمَلَ

2

عندما تَرجِعُ من المدرسة، سَتَذْهَبُ إلى عند اللحّام. سَتَطْلُبُ منه اللحم الّذي نَحْتاجُه للعشاء. سَأَدْفَعُ أنا غداً. ثمّ سَتَمُرُّ عند بائع الخُضرة وتَأْخُذُ كيلو من الفواكه. سَتَجِدُ ١٠ دنانير في المكان المُعتاد.

3

نَحْنُ	نَعْرِفُ	نَنْظُرُ	نَسْمَعُ	نقْترِبُ	نَرْجِعُ	نَنْتَقِلُ	نَتَناوَلُ
أَنْتُمْ	تَعْرِفونَ	تَنْظُرونَ	تسْمَعونَ	تَقْترِبونَ	تَرْجِعونَ	تَنْتَقِلونَ	تَتَناوَلونَ
أَنْتُنَّ	تَعْرِفْنَ	تَنْظُرْنَ	تَسْمَعْنَ	تَقْتَرِبْنَ	تَرْجِعْنَ	تَنْتَقِلْنَ	تَتَناوَلْنَ
أنتما	تَعْرِفانِ	تَنْظُرانِ	تَسْمَعانِ	تَقْتَرِبانِ	تَرْجِعانِ	تَنْتَقِلانِ	تَتَناوَلانِ
هُم	يعرفونَ	يَنْظُرونَ	يَسْمَعونَ	يَقْتَرِبونَ	يَرْجِعونَ	يَنْتَقِلونَ	يَتَناوَلونَ
هُنَّ	يَعْرِفْنَ	يَنْظُرْنَ	يَسْمَعْنَ	يَقْتَرِبْنَ	يرجِعنَ	يَنْتَقِلْنَ	يَتَناوَلْنَ
أشرف ونديم	يَعْرِفانِ	يَنْظُرانِ	يَسْمَعانِ	يَقْتَرِبانِ	يَرْجِعانِ	يَنْتَقِلانِ	يَتَناوَلانِ
ريما وغزلان	تَعْرِفانِ	تَنْظُرانِ	تَسْمَعانِ	تَقْتَرِبانِ	تَرْجِعانِ	تَنْتَقِلانِ	تَتَناوَلانِ

4

١ – و / ٢–١ /
٣–٣ / ٤–د /
٥–ب / ٦–ه /
٧–س / ٨–ج /

5
نبيلة : لماذا لا تذهبين معي إلى المتحف لنُشاهِد مَعْرَض «الفَراعِنة» ؟
هند : ذهبتُ إلى المتحف أمس وشاهدتُ المعرض !
نبيلة : لماذا لا تستمعين إلى أُسْطُوانة «شاكيرا» الجديدة ؟
هند : اشتريتُها أمس واستمعتُ إليها .
نبيلة : لماذا لا تَتسجّلين في نادي التنس القريب وتلعبين معي يوم السبت ؟
هند : تسجّلتُ فيه أمس ولعبتُ .

12 Le verbe et le groupe verbal — L'inaccompli subjonctif

1
يصل أبو أحمد في السابعة والنصف. كان عليّ أنْ أستقبله في المطار. لكنّي لا أستطيع أنْ أكون هناك في الوقت فعندي موعد عند طبيب الأسنان في السادسة ولَنْ أخرج قبل السادسة والنصف. ويجب عليّ أيضاً أنْ أمرّ بمكتب البريد قبل أنْ يغلق ! فهل بإمكانك يا أخي العزيز أنْ تذهب أنت إلى المطار ؟ تستطيع أنْ تأخذ سيّارتي ! على كلّ حال لَنْ أتأخّر وسأراكما في الدار.

2
ماري : أحبّ أن أُسافِرَ إلى الأُردن خلال العطلة.
مجدي : من الأفضل أن تُسافِري في الربيع أو في الشتاء.
ماري : لماذا ؟ أنا لا أستطيع أن أترُكَ عملي في الربيع.
مجدي : على كلّ حال يجب أن تَسألي وكالة السفر !
ماري : لا يُعجبك أن تُسافِرَ أنت معي ؟ أنت تتكلّم العربية جيّداً !
مجدي : صحيح ولكن لن يُوافِقَ أبي ولا أستطيع أن أَدفَعَ بنفسي ثمن البطاقة !

3
عزيزتي نورة
أريد الآن أن أتعلّمَ العربيّة وأن أدعوَك إلى عندي. وخلال العطلة أودّ أن أسافرَ إلى العالم العربيّ، وأن أزورَ متحف القاهرة.
ثمّ بعد ذلك أحبّ أن أعمل في بلد عربيّ.

4
١. يَجِب أنْ ترجعي إلى الدار بسرعة.
٢. يَجِب أنْ يناموا قبل العاشرة.
٣. يَجِب أنْ تدرسنَ العربيّة والإنكليزيّة.
٤. يَجِب أنْ تتكلّما مع أستاذ الرياضة.
٥. يَجِب أنْ أنتظرَ أخي أمام المدرسة.

5
تحبّ ← تحبّين – تركبَ ← تركبي – تريد ← تريدين – تُخبرَها ← تُخبريها – يمكنكَ ← يمكنكِ – تفعلَ ← تفعلي – تريد ← تريدين – تقولَ ← تقولي – لأمّكَ ← لأمّكِ – تريد ← تريدين – مستعدّ ← مستعدّة – عندكَ ← عندكِ – أنتظرَكَ ← أنتظرَكِ.

13 Le verbe et le groupe verbal — L'inaccompli apocopé

1
يجدْ ← وَجدَ – يُلاحِظْ ← لاحَظَ – ينتبِهْ ← اِنْتَبَهَ – تلبث ← لَبِثَ – تفهمْ ← فَهِمَ – يسرقْ ← سَرَقَ – يتركْ ← تَرَكَ.

2
– يا سامي، اُخرُج من المطبخ ! لا، لا تَخْرُجْ !
– يا دليلة، اُدْخُلي إلى الحمّام ! لا، لا تَدْخُلي !
– يا سامي ومُختار، اِنزِلا فَوْراً ! لا، لا تَنْزِلا !

– يا جماعة، كُلوا كلّ شَيْء ! لا، لا تَأْكُلوا !
– يا جماعة، اِشْرَبوا العصير ! لا، لا تَشْرَبوا !

3
١. يريد التلاميذ أن يُشاهدوا المباراة ؟ فَلْيشاهدوها !
٢. تريد التلميذات أن يلبسن فساتين قصيرة ؟ فَلْيَلْبَسْنَها !
٣. تريد الأستاذة أن تحضر مسرحيّة مع تلاميذها ؟ فَلْتَحْضُرْها !
٤. تريدون أن نستقبل المُراسلين ؟ فَلْنَسْتَقْبِلْهُمْ !

4
الأمّ : يا نسيم، يجب أن تأخذ زجاجات الكازوز إلى المطبخ !
نسيم : ولكن لا أستطيع أن أحملها كلّها وحدي... ثمّ أنا لم أشرب شيئاً !
الأب : اطلب من باسمة أن تساعدك إذن !
الأمّ : لا، باسمة لن تخرج من الصالون ! عليها أن تُرجع كلّ الكراسي مكانها وأن تُنظِّف الأرض.
باسمة : ولكنّي لم أُوسِّخ شيئاً ! لن أعمل كلّ هذا العمل وحدي !
الأب : اسكتا ولا تتشاجرا ! نحن نخرج الآن ونرجع بعد ساعة، نريد أن يكون الصالون نظيفاً عند عودتنا. مفهوم أمْ لا ؟؟!!

14 Le verbe et le groupe verbal

La négation du verbe

1
١. لا يعمل أخي في المستشفى.
٢. لن تنتظري حتّى السابعة.
٣. لا نتكلّم الروسيّة.
٤. لن تُخبروا أباكم عن ذلك.
٥. لن يحتفلا بعيد ميلاد ابنهما.

2
مراد : لا أستطيعُ أن ألعبَ التنس معك مساء اليوم. سأتعشّى مع ابن عمّي في مطعم هنديّ جديد.
عائشة : ألن تمرَّ عندي ؟ سأسافرُ غداً إلى الجزائر ولن أعودَ إلى هنا قبل شهرين...
مراد : سأحاولُ. ولكن... ألا تعرفينَ ابن عمّي خالد ؟
عائشة : بلى، أعرفُه جيّداً، لا يحبُّني ولا أحبُّه.
مراد : إذن... لا تريدينَ أن تتعشَّيْ معنا ؟!
عائشة : أبداً. لا أتحمّلُه !
مراد : طيّب ! سأمرُّ عندك في السابعة ولكن لن أتأخّرَ. هو لن ينتظرَني أكثر من خمس دقائق.
عائشة : يا له من شابّ غليظ !

3
١. سمعتُ نشرة الأخبار اليوم.
٢. هل استقبلتم أصدقاءكم في المطار ؟
٣. انتقلا إلى بيتهما الجديد الآن.
٤. شاهدتِ هذا الفيلم ؟

٥. سلّم عليّ !
٦. هل فهمتنّ ما حدث ؟

4
١. لم يذهبْ إلى المسرح بل إلى السينما.
٢. لم يفكّروا طويلاً في ما يجب أن يفعلوه.
٣. لم آكلْ ولم أشربْ شيئاً.
٤. لم نتعلّمْ الإنكليزيّة، لذلك لم نسافرْ إلى لُندُن مع أصحابنا.
٥. لم تأخذوا خبزاً ولا ماءً معكم !

5
لم تجدْ الشرطة أثراً للولد الصغير الّذي اختفى أمس وما زالتْ تبحث عنه في كلّ المنطقة. لم يسمعْ أحد من الجيران صوتاً ولم يُلاحظْ أحد في القرية شيئاً غريباً. لا تفهمُ الشرطة كيف كان يمشي وحده في الشارع ولم يتجاوَزْ عمره ثلاث سنوات !

6
١. اُسكت يا نديم ولا تتحرّكْ ! رأيتُ شيئاً...
٢. لماذا لا تتحرّكُ ؟ يجب أن نُسرعَ.
٣. لن نغادرَ قبل التاسعة.
٤. لم أستلمْ منه رسالة.
٥. لا تشربْ هكذا ! الماء بارد جدّاً.
٦. لا تأكلُ شيئاً. ألم يعجبْك الأكل ؟

15 Les verbes malades

Le verbe et le groupe verbal

1

١. وَجدْتُ – ٢. وَصلْتِ – ٣. وَقعوا – ٤. وَضعنا – ٥. زُرْتم – ٦. خافَ – ٧. قُلْنَ – ٨. سارَ – ٩. بِعْتُما – ١٠. نِمْنا – ١١. عُدْتُ – ١٢. جِئتَ ou جاءَتْ.

2

١. سيصِلون في الوقت.
٢. وجدنا شيئاً.
٣. زارَ تونس والمغرب.
٤. قُلْتِ لي الحقيقة.
٥. ستنامون في العاشرة !
٦. نِمْتُم في الفندق.

3

١ – د / ٢ – ج / ٣ – ا / ٤ – ب

4

مُنيرة : لماذا لا تروي لنا حكاية الأميرة شمس النهار ؟

أكرم : كانت الأميرة شمس النهار تقضس أيّامها في قصر أبيها : كانت تُغَنّي طول النهار وتجري في الحديقة ولا تعْتَني بشيء إلاّ بعصافيرها. فبنى لها أبوها الملك قفصاً ذهبيّاً كبيراً.

منيرة : وما كان يدنو من القفص إلاّ الأميرة ؟

أكرم : نعم... إلى أن أتى إلى القصر السلطان قمر الزمان فلمّا رَأتْه عشِقته ونسِيَتْ عصافيرها.

منيرة : وماذا جرى لها بعد ذلك ؟

أكرم : دعاها قمر الزمان إلى قصره وأهداها عصافير أخرى بنى لها قفصاً ذهبيّاً كبيراً...

16 Les participes actifs et passifs

Le verbe et le groupe verbal

1

١. واقِف اسم فاعل من وَقفَ – ٢. آكِل اسم فاعل من أكَلَ – ٥. قارِئ اسم فاعل من قرَأ – ٧. مُلاكِم اسم فاعل من لاكَمَ – ٩. مُتْعِب اسم فاعل من أتْعَبَ – ١٠. مُتَعَلِّم اسم فاعل من تعلَّمَ.

2

١. ساكِن – ٢. جالِس – ٣. باحِث – ٤. عالِم – لاعِب – ٦. فاهِم – ٧. مُدرِّس – ٨. مُساعِد – ٩. مُتعاوِن – ١٠. مُدرِّب – ١١. مُدخِل

3

غالب : أنا ذاهب إلى البحر، تعاليْ معي يا سميرة !

سميرة : لا، غير مُمكِن، للأسف ! أنا مُسافرة غداً إلى تُركيا.

غالب : تعاليْ إلى المقهى، نشرب قهوة معاً !

سميرة : مُتأسِّفة يا غالب، أنا مُسْتَعْجِلة، يجب أن أُحضِّر حقيبتي !

غالب : إذنْ لماذا لا نتعشّى معاً هذا المساء بسُرعة ؟

أنت خائِفة ؟

سميرة : لا، بالعكس ! صدِّقْني، أنا فعلاً مشغولة. إسمعْ ! أنا مُسْتَعِدّة لأن أتعشّى معك عند عوْدتي من تركيا.

4

١. مجموع اسم مفعول من جمَعَ – ٤. مأكول اسم مفعول من أكَلَ – ٥. ممنوع اسم مفعول من منَعَ – ٧. مُكسَّر اسم مفعول من كسَّرَ

5

١. لا تقترب من هذا المكان : هذا مَمْنوع !
٢. ادخل : الباب مَفْتوح !
٣. لا تعرف هذا المُمثّل ؟ هو مَشْهور جداً !
٤. هذا زيت زيتون مُمتاز : هو مُنْتَج في بلدي!
٥. هذا غير مَعْقول ! لا أستطيع أن أُصدِّقه !
٦. هل يُمكنني أن آخذ فواكه ؟ هل هذا مَسْموح ؟

6

مطعم الواحة كافّة الأصناف الشرقيّة	
المأكولات	**المشروبات**
• صحن سلطة	• ماء معدني
• صحن مُتَبَّل أو حمّص أو تبّولة	• كازوز – كولا
• لحم مَشْويّ	• عصير برتقال أو تفّاح
• صحن كَباب	• شاي
• كوسى مَحْشيّ	• شاي بالنعناع
• فواكه	• قهوة شرقيّة
• معمول أو حلويّات	• قهوة إكسبريسو

17 Le masdar

Le verbe et le groupe verbal

1

١. خُروج مصدر فِعْل خرَج – ٢. أَكْل مصدر فِعْل أكَل – ٣. شُرْب مصدر فِعْل شرِب – ٤. دِراسة مصدر فِعْل درَس – ٥. قِراءَة مصدر فِعْل قرأَ – ٦. قَوْل مصدر فِعْل قال – ٧. تَكَلُّم مصدر فِعْل تكلّم – ٨. رُؤْية مصدر فِعْل رأى – ٩. اِسْتِماع مصدر فِعْل اِستمَع – ١٠. تَعْليم مصدر فِعْل علّم – ١١. وِلادة مصدر فِعْل ولَد – ١٢. مُراسَلة مصدر فِعْل راسَل.

2

١. أحبّ قِراءة القِصَص البوليسيّة.

٢. يُفضّل أبي التفرُّج على التلفزيون.

٣. وتفضّل أمّي الاسْتِماع إلى أخبار الراديو.

٤. أمّا أخي الصغير فيُعجبه اللّعِب بالكُرة مع أصحابِه.

٥. وأخي الكبير يقْضي وقتَه في الجُلوس أمام حاسوبِه.

3

فِلاحة = فِعالة – اشْتِراك = اِفْتِعال –
اتّصال = اِفْتِعال – إخْبار = إِفْعال –
رُجوع = فُعول – وُصول = فُعول –
خِياطة = فِعالة – إهْمال = إِفْعال –
تَفْكير = تَفْعيل – عمَل = فَعَل –
شُعور = فُعول – إحْساس = إِفْعال –
سَمْع = فَعْل – حُكْم = فُعْل –
تَحْويل = تَفْعيل – جَمْع = فَعْل

4

خالد : تريدين مُشاهَدة فيلم «مات دامون» ؟

لمياء : لا، قد شاهدتُه أمس !

خالد : تريدين الاستماع إلى أسطوانة «ريحانة» ؟

لمياء : لا، لقد استمعتُ إليها !

خالد : تريدين الذهاب إلى المسبح ؟

لمياء : لا، قد ذهبتُ إليه !

خالد : تريدين زِيارة المتحف الجديد ؟

لمياء : لا، قد زرتُه !

خالد : تريدين أكْل حلويّات شرقيّة ؟

لمياء : لا، قد أكلتُ منها !

خالد : تريدين اللعِب على «النينتندو» ؟

لمياء : لا، لعبتُ عليه !

خالد : افعلي ما تريدين إذْن... سألعب وحدي !

5

عزيزتي زينب

بعد التحيّة والسلام، أشكرك شكراً جزيلاً على هذا الأسبوع الرائع الّذي قضيتُه عندك في مرّاكش. كم أعجبتني زيارة المدينة معك ومشاهدة الأسواق القديمة والشوارع الضيِّقة ! فرحتُ برؤية أهلي وإخوتي عند رجوعي إلى الدار أمّا الآن فأشتاق إليك وإلى بلدِك الجميل. سأُواصِل دراسة العربيّة هذه السنة لِأستطيع قراءة رسائلك.

قبلاتي

صديقتك جولي

18 Le verbe et le groupe verbal

Les accords verbe-sujet

3

١ – ث / ٢ – ح / ٣ – ا / ٤ – ج / ٥ – ب / ٦ – ت

2

١. قال لي إنّ سلوى وأحمد يشاركانِ في بطولة التنس.

٢. كنت أعلم أنّ أحمد وسليم يلعبانِ التنس كلّ يوم. أمّا سلوى...

٣. قالوا لي إنّ سلوى وأختها الصغيرة تدرّبتا يوميّاً.

٤. هل تعرف أنّ نادية وأخواتها اشترينَ بطاقات ليوم السبت.

٥. لا تقلْ لأحمد إنّ إخوته يريدون أن يحضروا المباراة أيضاً !

٦. أعتقد أنّ كلّ تلميذات المدرسة سيفرحن لأنّ سلوى ستفوز بدون شكّ !

3

أنيس : هل استطاع الأولاد الثلاثة رُكوب الباخرة ؟

أمل : نعم، الأولاد الثلاثة ركبوا الباخرة لكنها لم تمرّ بالجزيرة.

أنيس : وهل عرفهم رُكّاب الباخرة الآخرون ؟

أمل : نعم، الركّاب الآخرون عرفوهم.

أنيس : وهل كانت الجارتان الصغيرتان معهم ؟

أمل : نعم : هما كانتا معهم.

أنيس : وهل استطاعوا الوصول إلى الجزيرة في النهاية ؟

أمل : نعم، وصلوا إلى الجزيرة في النهاية.

أنيس : وهل استطاعوا العُثور على الكَنْز ؟

أمل : لا، لم يعثروا على الكنز. يجب أن ننتظر الأسبوع المُقْبل !

4

تظهر اللاعبات الـ ٢٢ مع تصْفيق الجمهور ويتّجهْنَ إلى وسط الملعب حيث ينتظرهُنَّ الحكم مع مُساعِديه. تتبادل اللاعبات التحيّة ثمّ يتوجّهْنَ إلى أماكنهِنَّ. تحلم كلّ اللاعبات بالفوز وتريد كلّ المُهاجمات أن يُسجّلْنَ هدفاً جميلاً كما تتمنّى الحارستان أن توقفا الكرة في كلّ مرّة... أمّا المُدافعات فعليهِنَّ أن ينتبهْنَ إلى كلّ شيء. فَلْتبدأ المُباراة !

19 Le verbe et le groupe verbal

Le régime des verbes et les principales prépositions

1

١. سأُعطيك ٥٠ ليرة.

٢. تُدرّسنا الأستاذة إلهام التاريخ والجغرافيا.

٣. علّموها الفرنسيّة منذ الطفولة.

٤. أعطِني كأس ماء من فضلك !

٥. سلّمه رسالة مهمّة جداً.

2

كَوْثَر : اسمعني جيّداً يا ناجي ! لن تحصُل على شيء هكذا ! يجب أن تَهْتَمّ بدراستك أكثر...

ناجي : لا أُحبّ الرياضيّات. ولا تُعجبني هذه المدرسة.

كوثر : فكّر في مُستقبلك يا أخي ! ستعمل يوماً ما... ماذا تُفضِّل ؟ أن تخْتار عملاً يُعجِبك أم ماذا ؟...

ناجي : قرأتُ درسي ولم أحفَظ شيئاً. ساعديني قليلاً... أُنظُري إلى هذا التمرين، هو صعب جداً !

كوثر : لا، أبداً ! سأشرح لك الدرس. اقترِبْ منّي وأعطِني قلماً من فضلك !

ناجي : حاضِر ! شكراً يا أختي، أنت ألطف أخت في الدنيا !

3

١. فكّرتُ طويلاً في الأمر.
٢. سيُخبره بالقصّة.
٣. طلبَتْ من أختِها أن تُساعدَها.
٤. يحكي لأصحابه ما حدث له.
٥. بحثنا عنها لكنّنا لم نَجِدْها.
٦. ينظرون بِسُرعة إلى السبّورة.

4

محمد : مَن دعَوتَ إلى الحفلة ؟ يجب علينا أن نعرف مُنذُ الآن من سَيحضُر !
علي : سيأتي من عائلتي أربعة أشخاص وعشرة من أصدقائي !
محمد : اُنظر إلى هنا ! ما رأيك في هذا الكرسيّ ؟
علي : أُفضِّل هذا الكرسيّ الأسوَد على ذلك الأحمر...
اِبتَعِد عن هنا، لا أرى شيئاً !
محمد : سألوني أمس عن الموسيقى. ماذا تُفضّل ؟ موسيقى عربيّة أم موسيقى غربيّة ؟
علي : من الأفضَل أن يكون هناك الاثنان. مع مَن تحدّثتَ عن الموسيقى ؟
محمد : مع أصحاب المدرسة. سآخذ أسطوانات من عِند مصطفى، عنده مجموعة كاملة من الأغاني الشرقيّة على الموضة !
علي : على فكرة... يجب أن نُفكّر من الآن في الأكل والمشروبات.
محمد : سأهتَمّ أنا بالمشروبات ! هل تستطيع أن تُحضّر أنت الأكل مع أختك ؟؟؟

20 La phrase — La phrase nominale simple

1

١. صاحبي الجديد إنكليزيّ من أصل هنديّ.
Mon nouvel ami est anglais d'origine indienne.

٢. له أخ كبير وأختان أصغر منه.
Il a un grand frère et deux sœurs plus petites que lui.

٣. اِسْمه جمال ولَقَبه «جيم».
Il s'appelle Jamal et son surnom c'est « Jim ».

2

فوزيّة : عندي مُشكلة مع الحاسوب. هل يُمكِنك أن تُساعِدني ؟
جَعْفَر : طبعاً... آه، هذا الحاسوب حديث جدّاً، هو مُمتاز. مبروك يا فوزيّة !
فوزيّة : الله يبارك فيك ! اُنظُر ! المفاتيح لا تَشتَغِل !
جَعْفَر : سوف أنظُر. أين الفأْرة ؟
فوزيّة : هي هنا قُرب دليل المُسْتَخْدِم. لم أُركّبها !
جَعْفَر : طيّب. الشاشة كبيرة، برافو عليك ! عندي حاسوب أصغر وأقدَم بِكثير من حاسوبك. أعطِني الدليل من فضلك !
فوزيّة : تفضّل، ها هو ! نظرتُ فيه لكنّي لم أفهم كيف أحلّ مُشكلتي !
جَعْفَر : لا تخافي، سوف نجد. الدليل ممتاز أيضاً، كلّ شيء واضح !
فوزيّة : هو واضح لك لأنّك قويّ في المَعْلوماتيّة وفي الإنكليزيّة : هو مكتوب بالإنكليزيّة !
جَعْفَر : تفضّلي يا فوزيّة. حاسوبك جاهز. المفاتيح تشتغِل، الفأرة تشتغل. مبروك !
فوزيّة : شكراً يا جعفر. تعالَ نشرب فنجان قهوة أو كأس شاي الآن !

3

١. كان لي صديق ألمانيّ.
٢. كانت مدرستُنا بعيدة عن بيتِنا.
٣. كان أصحابي يسكُنون قُربَ المدرسة.
٤. كان أخي أقوى منّي في المعلوماتيّة.

4

١. أنا أطول منهم.
٢. هي لطيفة مع إخوتِها.
٣. نحن سُكّان هذا الحيّ.
٤. كان عِندنا مُشكلة.

21 La phrase — La phrase verbale simple

1

١. كلّمني صديقي الساكنُ في أستراليا عبر الإنترنِت.

Mon ami qui habite en Australie m'a parlé sur internet.

٢. لا يعرف أهلُهُ متى سيُسافرون إلى الإمارات.

Ses parents ne savent pas quand ils iront aux Émirats.

٣. يُريد إخوتُهُ العودة إلى أوروبّا.

Ses frères veulent rentrer en Europe.

٤. لا تُعجِبهم الحياةُ في مدينة سيدني.

La vie à Sydney ne leur plaît pas.

2

آن : سأدرُس الإيطاليّة العام المُقبِل. ويفعل مُعظَم أصدقائي مثلي. وأنت ؟

جواد : أنا لا ! ما الفائِدة ؟ زرتُ روما في الصيف الماضي : يعرف كلّ الناس الفرنسيّة أو الإنكليزيّة...

آن : ليس كلّ الناس. من يعرف الإنكليزيّة في فرنسا ؟ بِالطبع الناس الّذين يعملون في الفنادِق والمقاهي والمطاعِم يعرفونها. وهو نفس الشيء في إيطاليا.

جواد : أنا لن أُسافر أبداً إلى بُلدان لا يعرف أهلُها الفرنسيّة أو الإنكليزيّة.

آن : قُل لي... كيف تفعل عندما تسافر إلى المغرب خلال العطلة ؟

جواد : أنا أعرف العربيّة !

آن : أنتَ تقطع إسبانيا عندما تسافر إلى المغرب ! ألم تُفكّر في تعلّم الإسبانيّة ؟ هل يعرف كلّ الإسبانيّون الفرنسيّة ؟

جواد : كلّ الشباب يعرفون الإنكليزيّة ! ولا أتكلّم مع الكِبار !

آن : طيّب... لا تطلُب منّي أبداً أن أُترجِم لك شيئاً !

جواد : أنت على كلّ حال لا تعرفين الإسبانيّة !

3

١. ذهبَت الأمّ إلى السوق مُسْرِعة.

٢. رجع الأولاد من الملعَب راكضينَ.

٣. نظر إليّ صاحبي ضاحِكاً.

٤. خرجَت البنت الصغيرة من القاعة باكية.

٥. عادت صديقاتي من رِحلتِهنّ مُتْعَبات.

4

لارا : لماذا تنظُرين إليّ هكذا ؟ تنظرين إليّ نظرة استنكار !

سُعاد : لا أنظر إليك نظرة استنكار بل نظرة استغراب. هل تنوين أن تخرُجي لابسة هذه الملابِس ؟

لارا : قد خرجتُ معك في الماضي لابسة ملابس غير عاديّة...

سُعاد : صحيح ولكن هذه المرّة لا أستطيع... ملابسك مُضحِكة ! غيّريها من فضلك.

لارا : طيّب. أترُك الشمسيّة والقبّعة والشنطة لكنّي أتعشّى إلّا مُرتدية فُستاني الجميل.

سُعاد : برافو. شكراً يا لارا. أشكُرك شكراً جزيلاً. يا الله، فلَنذهَب !

22 La phrase — Les complétives avec أنْ

1

١. يَوَدّ أنْ يسافروا معه بالباخرة.

٢. ليس بإمكاني أنْ أشتري داراً في هذه المدينة.

٣. يجِب عليكما أنْ تجتهدا طول العام الدِراسيّ.

٤. طلبوا منّا أنْ نهتمّ بأولادِهم ونُساعدَهم.

٥. لا يستطيعون أنْ يترُكوا عملَهم قبل الثامنة.

٦. أُفضّل أنْ تنتظِروني داخل المقهى.

2

١. لن أستطيع أن أصِلَ في الوقت المُحدَّد.

٢. يجِب علينا أن نُخبِرَ المُدير بهذه المُشكلة.

٣. هل يُمكنكِ أن تتّصِلي بي عند رجوعك يا فضيلة ؟

٤. طلبت منهم أن يقرؤوا قصّة قصيرة لِنجيب محفوظ للأسبوع القادم.

3
- يجب أن تقرئي دروسكِ كلّ المساء.
- أريد أن ترتّبي غرفتك وأن تضعي كتبك ودفاترك في محفظتك.
- طلبت منك أن تساعدي أختك الصغيرة.
- تستطيعين أن تتفرّجي على التلفزيون من الثامنة إلى العاشرة هذا المساء.

4
١. يحبّ نبيل أن يكون دليلاً سياحيّاً
ت/ يجب أن يتعلّم لُغات أجنبيّة
٢. يحبّ ناجي أن يكون مُمثّلاً
ج/ يجب أن يحفَظ نصوص المسرحيّات
٣. تحبّ كاتية أن تكون مُطرِبة
د/ يجب أن تدرُس الموسيقى
٤. يحبّ ميخائيل أن يكون لاعب تِنِس
ح/ يجب أن يتدرّب كلّ يوم مع لاعب آخَر
٥. تحبّ أسماء أن تكون بطَلة سِباحة
أ/ يجب أن تذهب كلّ يوم إلى المَسبَح
٦. تحبّ نجاة أن تكون عارِضة أزياء
ث/ يجب ألاّ تسمَن كثيراً
٧. تحبّ سلوى أن تكون طبيبة
ب/ يجب ألاّ تخاف من الدم
٨. يحبّ سمير أن يكون بَحّاراً
خ/ يجب ألاّ يدوخ من البحر

23 La phrase — Les complétives avec أنّ et إنّ

1
١. قال لي نجيب إنّ فريقَه أصبح أحسن فريق في المدينة كلّها.
٢. أعتقِد أنّه يُبالِغ لكنّ أخي يظُنّ أنّه قال الحقيقة.
٣. فهمت منه أنّه يتدرّب كلّ يوم في الصباح الباكر.
٤. قال لي أيضاً إنّهم يلعبون كلّ يوم سَبْت في مُباراة رسميّة.
٥. شرَح لي أخي أنّ التدريب أهمّ شيء في الرياضة.
٦. أتذكّر أنّني أردتُ أنْ ألعب في فريقِه لكنّهم اعتبروا أنّني صغير وضعيف فلَم يقبلوني !

2
١. قالوا لي إنّني ألطَف بنات المدرسة.
٢. هل تظُنّون أنّكم تسافرون غداً ؟
٣. شرح لي أنّه لا يستطيع الوصول قبل العاشرة.
٤. أتصوّر أنّكِ مُتعَبة الآن.

3
١. قالت إنّها تحبّ أن تأكل في المطعم.
٢. قلتَ إنّك ألمانيّ من أصل تُركيّ.
٣. قالوا إنّهم سيزورون الأهرام وأبو الهول والمتحف المصريّ في القاهرة.
٤. قال إنّه يسكن في بِناية عالية جدّاً، وإنّه يسكن في الطابق التاسع والعشرين.
٥. قلتِ إنّكِ فرنسيّة، وإنّكِ تعيشين في المغرب مُنذُ عامَين.
٦. قُلْتم إنّكم ستلعبون في مُباراة ودّيّة يوم السبت.

4
نجوى : يا خالتي، هل يُمكنني أنْ أسألك سؤالاً ؟
هدى : بالطبع... ماذا تريدين أنْ تطلُبي منّي ؟
نجوى : خالتي هدى، عليّ أنْ أقوم بدَوْرة في شَركة أو في إدارة... أعتقد أنّك تعرفين ما هي هذه الدورات ؟
هدى : تماماً... وفهمت أنّ الدورات أصبحت إجباريّة في كلّ المدارِس تقريباً.
نجوى : بالضبط يا خالتي ! هل تظنّين أنّه من المُمكن أنْ أشتغِل معك مُدّة أسبوع ؟
هدى : معي ؟ في العيادة ؟ نعم، بالتأكيد... ولكن يجب أنْ أسأل الدكتور عزّ الدين. لا نستطيع أنْ نستقبِل أكثر من تلميذَين في الأسبوع نفسِه.

نجوى : ومتى سيُعطيك الجواب ؟
هدى : لا أعرف... أتذكّر الآن أنّ ابن أخت الدكتورة فائزة ستقوم بدورة عندنا في أوّل أيّام ديسمبر.
نجوى : لا أتصوّر أنّ الدورة ستبدأ في مدرستِنا قبل ١٥ ديسمبر !
هدى : اتّصِلي بي غداً بعد الظُهر. إلى اللقاء !
نجوى : إلى اللقاء !

24 La phrase — La syntaxe de كان

1

١. كان أخي يَستمِع إلى أغاني أمّ كلثوم وفيروز مع عمِّنا.
٢. كانت ليزا تشرَب كأس شاي بالنعناع كلّ يوم.
٣. كان جيراني يلعَبانِ في فريق المدرسة لِكرة اليد.
٤. كان مُراد وأخته سُنْدُس يتفرّجانِ على مُسلسلات مصريّة.

2

١. كنّا قد زُرنا الآثار الرومانيّة في الجزائر وفي تونس وحتّى في ليبيا !
٢. كانت الحفلة بدأت في التاسعة.
٣. كان أولاد خالتي قد هاجروا إلى كَندا.
٤. كانت الطائرتان قد غادرتا مَطار دِمَشق الدوليّ.

3

١. كنتم أولاداً صغاراً.
٢. كانت هؤلاء التلميذاتُ لطيفاتٍ وذكيّاتٍ جدّاً.
٣. كان أصدقاؤُك فرنسيّين ولبنانيّين.
٤. كانت مدرستُنا قريبةً من مكتبِ البريد.

4

كانت شَمْس النَهار أميرة جميلة يُريد أبوها المَلِك أن تتزوّج. لكنّ شمس النهار رفضت كلّ الأُمَراء والملوك... حتّى وصول رجُل غريب إلى القصر. كان اسمُه قَمَر الزَمان. طبعاً لم يكُن هذا اسمَه الحقيقيّ ! لم يعرفْه أحَد. لم يكُن أميراً ولا ملِكاً بل كان رجلاً عاديّاً فقيراً لا يملِك شيئاً. كانت أجْوِبَتُه عن أسْئِلة الأميرة ذكيّة جدّاً. كان جريئاً لم يَخَف منها ولا من أبيها. وهذا أعجَب الأميرة لأنّها كانت أيضاً جريئة شُجاعة ! أرادت أن تتزوّج منه وأن تذهب معه. كانت شخصيّتُها قويّة فقبَل الملك زواج ابنتِه الوحيدة شمس النهار بقمر الزمان...

25 La phrase — Relatives et qualificatives

1

١. أنتظِر صديقتي سُهى الّتي رجعت أمس من ألمانيا.
٢. تتحدّثين عن أحداث وقعتْ قبل عشر سنوات !
٣. تزوّجتْ من ابنِ جيرانها الّذي كان يُحبّها مُنذُ الصِّغَر.
٤. هل تتذكّرين زينة الّتي كانت تدرس معنا في المدرسة الابتدائيّة ؟
٥. أين وضعتِ الكُتُب والمَجلّات الّتي كانت على المائِدة في الصالون.
٦. هل وجدوا ستّ فتيات يرقُصنَ الرَقص الشرقيّ ؟

2

٢ – ب ← ماري كوري هي العالمة الفرنسيّة الّتي اكتشفت الأشِعّة x.
٣ – ت ← الكاهنة هي القائدة البربريّة الّتي حاربَتْ العرب.
٤ – ج ← طارق بن زياد هو القائد العربيّ الّذي فَتَح الأندلس.
٥ – ا ← نجيب محفوظ هو الكاتب المصريّ الّذي حصل على جائِزة نوبل.
٦ – ث ← ابن ماجد هو البحّار العربي الّذي اخترع البوصلة.

3

١. سأقرأ كُتُباً اشتريتُها الأسبوع الماضي.
٢. سنتعشّى في مَطعَم مَرَرْنا أمامه أمس.
٣. هل زُرْتم مَتحَفاً ألمانيّاً فيه آثار فرعونيّة رائِعة ؟
٤. هل تعرفون مُطرِباً عربيّاً كلّ أغانيه قصائِد حبّ للشاعر نِزار قبّاني ؟

4

سهام : ما رأيك في هذا الإعلان ؟ انظر إلى المَنْظَر الجميل الّذي نراه وراء الأشخاص !
مولود : تُعجبني الجُملة الّتي كتبوها في الأعلى.
أعتقد أنّهم نقَلوها من إعلانات أنجزوها من قبل لِشَركات أُخرى.
سهام : لا أعتقد. إنّها المرّة الأولى الّتي يهتمّون فيها بالزّبائِن العرب !
مولود : على كلّ حال أتذكّر أنّي رأيت نفس الشِّعار الذي ترجموه هنا مكتوباً بالفرنسيّة أو بالإنكليزيّة.
سهام : الإعلانات الّتي تتكلّم عنها قديمة جدّاً، قد نسيَها كلّ الناس !

26 La phrase — Subordonnées de temps, de cause et de but

1

بعد أن مثّلتْ حليمة دَوْر فتاة فقيرة ستكون امرأة غنيّة في فيلمها المقبل. لمّا سألْتُها عن دورها المُفضَّل قالتْ إنّها ستمثّل بالعربيّة في فيلم جديد قبل أنْ تُضيف أنّها تحلم بأنْ تُمثّلَ يوماً ما بالفرنسيّة.

2

١. أنتِ تعبانة لأنّك ركَضْتِ بِسُرعة.
٢. لن يستطيع أبي أن يوصِّلَني إلى المطار لأنّ سيّارتَه مُعطّلة.
٣. لا أستطيع أن أشتريَ الفواكِه لأنّني نَسيتُ الفُلوس في المَطبَخ.
٤. يحبّون أن يتعشّوا في هذا المطعم لأنّ الأكلَ طيِّب ورخيص فيه.
٥. لم أنَم الليلة لأنّ جيراني أقاموا حفلة.

3 Mets les phrases suivantes à la forme affirmative.

١. لم أسمعْ نشرة الأخبار اليوم. ....

٢. ألم تستقبلوا أصدقاءكم في المطار ؟ ....

٣. لم ينتقلا إلى بيتهما الجديد حتّى الآن. ....

٤. لم تُشاهدي هذا الفيلم ؟ ....

٥. لم يُسلّم عليّ ! ....

٦. ألم تفهمْن ما حدث ؟ ....

4 Remplace la tournure avec la négation ما suivie du verbe à l'accompli par la tournure avec لم suivie d'un verbe à l'inaccompli apocopé.

١. ما ذهبَ إلى المسرح بل إلى السينما. ....

٢. ما فكّروا طويلاً في ما يجب أن يفعلوه. ....

٣. ما أكلتُ وما شربتُ شيئاً. ....

٤. ما تعلّمنا الإنكليزيّة، لذلك ما سافرنا إلى لُندُن مع أصحابنا. ....

٥. ما أخذتم خبزاً ولا ماءً معكم ! ....

5 Lis le fait divers suivant. Souligne les négations et mets les voyelles à la fin des verbes.

لم تجد الشرطة أثراً للولد الصغير الّذي اختفى أمس وما زالت تبحث عنه في كلّ المنطقة. لم يسمعْ أحد من الجيران صوتاً ولم يُلاحظ أحد في القرية شيئاً غريباً. لا تفهم الشرطة كيف كان يمشي وحده في الشارع ولم يتجاوز عمره ثلاث سنوات !

police	شُرْطة
trace	أَثَر
chercher	بَحَث ـــ عن
région	مِنْطَقة
remarquer	لاحَظ (يُلاحِظ)
village	قَرية
dépasser	تَجاوَز (يَتَجاوَز)

6 Mets la voyelle finale qui convient aux verbes précédés d'une négation dans les phrases suivantes.

Pour donner un ordre négatif, on utilise la négation لا suivie d'un verbe à l'inaccompli apocopé.
C'est le contexte qui permet de savoir comment lire la voyelle finale du verbe.
Ex. : لا تخرجْ ! Ne sors pas ! لا تخرجُ ! Elle ne sort pas (ou : Tu ne sors pas).

١. اُسكت يا نديم ولا تتحرّك ! رأيتُ شيئاً...

٢. لماذا لا تتحرّك ؟ يجب أن نُسرع.

٣. لن نغادر قبل التاسعة.

٤. لم أستلم منه رسالة.

٥. لا تشرب هكذا ! الماء بارد جدّاً.

٦. لا تأكل شيئاً. ألم يعجبك الأكل ؟

Les verbes malades

Les verbes assimilés et les verbes concaves

Les verbes malades sont des **verbes dont la racine contient une semi-voyelle** : و ou ي.
Les verbes malades présentent quelques **particularités de conjugaison**, qui dépendent de la place qu'occupe la semi-voyelle dans la racine.

● Si la **semi-voyelle est la première lettre de la racine**, on dit que le verbe est **assimilé.**
La semi-voyelle disparaît généralement à l'inaccompli.

وَصَلَ → يَصِلُ   وَجَدَ → يَجِدُ   وَقَعَ → يَقَعُ   وَضَعَ → يَضَعُ

● Si la **semi-voyelle est la deuxième lettre de la racine**, on dit que le verbe est **concave.**
À la 3e personne du masculin singulier de l'accompli, c'est un ا qui apparaît.
Il y a **trois types de verbes concaves**, mais ils **se conjuguent tous selon le même schéma :**

– **1er type :** les verbes comme قال ont un و ou un ـُـ qui apparaît à certaines personnes ;

Ex. : (قُلْتُ) قال   يقول   لم يَقُلْ

– **2e type :** les verbes comme باع ont un ي ou un ـِـ qui apparaît à certaines personnes ;

Ex. : (بِعْتُ) باع   يبيع   لم يَبِعْ

– **3e type :** les verbes comme نام conservent toujours un ا et ont un ـِـ qui apparaît à certaines personnes.

Ex. : (نِمْتُ) نام   ينام   لم يَنَمْ

1 **Mets les verbes suivants à l'accompli en conservant la même personne.**

١. أجِدُ .... – ٢. تَصِلينَ .... – ٣. يَقَعونَ ....

٤. نَضَعُ .... – ٥. تَزورونَ .... – ٦. يَخافُ ....

٧. يَقُلْنَ .... – ٨. يَسيرُ .... – ٩. تَبيعانِ ....

١٠. نَنامُ .... – ١١. أعودُ .... – ١٢. تَجيءُ ....

2 **Mets les phrases suivantes à la forme affirmative.**

١. لن يصِلوا في الوقت. ....

٢. لم نَجِدْ شيئاً. ....

٣. لم يَزُرْ تونس ولا المغرب. ....

٤. لم تَقولي لي الحقيقة. ....

٥. لن تَناموا في العاشرة ! ....

٦. لم تناموا في الفندق. ....

Les verbes défectueux

- Ce sont les **verbes malades** dont la **racine se termine par une semi-voyelle** و **ou** ي. Comme la semi-voyelle est placée juste avant la terminaison, la conjugaison de ces verbes est un peu plus compliquée.
- Il y a **trois types de verbes défectueux** :
  – 1er type : les verbes comme حكى ont un ي à l'inaccompli : (يَحْكي) حكى. Ce sont les plus nombreux ;
  – 2e type : les verbes comme دعا ont un و à l'inaccompli : (يَدْعو) دَعا ;
  – 3e type : les verbes comme نسي ont un ي à l'inaccompli : (يَنْسى) نَسِيَ .
- Voici la conjugaison de حكى à l'accompli et à l'inaccompli indicatif.

inaccompli indicatif			accompli		
نَحْكي	نَحْكي	أَحْكي	حكَيْنا	حكَيْنا	حكَيْتُ
تَحْكونَ	تَحْكِيانِ	تَحْكي	حكَيْتُمْ	حكَيْتُما	حكَيْتَ
تَحْكينَ		تَحْكينَ	حكَيْتُنَّ		حكَيْتِ
يَحْكونَ	يَحْكِيانِ	يَحْكي	حكَوْا	حكَيا	حكى
يَحْكينَ	تَحْكِيانِ	تَحْكي	حكَيْنَ	حكَتا	حكَتْ

3 **Relie le verbe conjugué à l'accompli avec le verbe conjugué à l'inaccompli indicatif à la même personne.**

١. دَعَوتُ •   • ا – تَبْقَى
٢. نَسينا •   • ج – نَنْسى
٣. بَقِيَتْ •   • ب – تَدْعو
٤. دَعَتْ •   • د – أَدْعو

4 **Lis le dialogue suivant. Souligne les verbes défectueux : d'un trait bleu ceux qui se conjuguent comme حكى , d'un trait noir ceux qui se conjuguent comme دعا et de deux traits noirs ceux qui se conjuguent comme نَسِيَ.**

مُنيرة : لماذا لا تروي لنا حكاية الأميرة شمس النهار ؟

أكرم : كانت الأميرة شمس النهار تقضي أيّامها في قصر أبيها : كانت تُغَنّي طول النهارِ وتجري في الحديقة ولا تعْتَني بشيءٍ إلاّ بعصافيرها. فبنى لها أبوها الملك قفصاً ذهبيّاً كبيراً.

منيرة : وما كان يدنو من القفص إلاّ الأميرة ؟

أكرم : نعم... إلى أن أتى إلى القصر السلطان قمر الزمان فلمّا رَأته عَشِقَتْه ونسيَتْ عصافيرها.

منيرة : وماذا جرى لها بعد ذلك ؟

أكرم : دعاها قمر الزمان إلى قصره وأهداها عصافير أخرى بنى لها قفصاً ذهبيّاً كبيراً...

passer	قَضى
parc	حَديقة
s'occuper de	اِعْتَنى بـ
cage	قَفَص
s'approcher de	دَنا من
tomber amoureux	عشِق ــَـ
offrir	أَهْدى

Le verbe *voir* (يَرى) رأى se conjugue à l'accompli comme حكى et à l'inaccompli comme يَنْسى .

Les participes actifs et passifs

Le participe actif اِسم الفاعِل

- Tous les **verbes d'action** ont un participe actif, qui désigne celui qui fait l'action. Grammaticalement, c'est un nom qui peut être ou non déterminé.
- Pour les verbes simples, le participe actif est **formé sur le schème** فاعِل .
  Ex. : كَتَبَ ⟶ كاتِب celui qui écrit
- Le participe actif des verbes de **plus de trois lettres commence par** مـُ . La 2e lettre de la racine a toujours une voyelle ـــِـ .
  Ex. : تكَلَّمَ ⟶ مُتكلِّم celui qui parle
- Le participe actif peut être **substantivé**.
  Ex. : كاتِب écrivain عامِل ouvrier مُمثِّل acteur

1 **Parmi les mots suivants, lesquels sont des participes actifs ? De quels verbes ?**

ذاهِب : اسم فاعل من ذهَبَ

١. واقِف .... – ٢. آكِل .... – ٣. خاتَم .... – ٤. حانوت ....

– ٥. قارِئ .... – ٦. آثار .... – ٧. مُلاكِم .... – ٨. مَدارِس

.... – ٩. مُتْعِب .... – ١٠. مُتعَلِّم .... – ١١. مِفْتاح ....

2 **Forme le participe actif des verbes suivants.**

١. سكَن .... – ٢. جلَس .... – ٣. بحَث .... – ٤. علِم ....

– ٥. لعِب .... – ٦. فهِم .... – ٧. درّس .... – ٨. ساعَد

.... – ٩. تَعاوَن .... – ١٠. درّب .... – ١١. أدْخَل ....

3 **Lis le dialogue ci-dessous. Souligne en bleu les participes actifs.**

غالب : أنا ذاهب إلى البحر، تعاليْ معي يا سميرة !

سميرة : لا، غير مُمْكِن، للأسف ! أنا مُسافِرة غداً إلى تُرْكيا.

غالب : تعاليْ إلى المقهى، نشرب قهوة معاً !

سميرة : مُتأسِّفة يا غالب، أنا مُسْتَعْجِلة، يجب أن أُحضِّر حقيبتي !

غالب : إذنْ لماذا لا نتعشّى معاً هذا المساء بسُرعة ؟ أنت خائِفة ؟

سميرة : لا، بالعكس ! صدِّقْني، أنا فِعلاً مشغولة. اِسمعْ ! أنا مُسْتَعِدّة لأن أتعشّى معك عند عوْدتي من تركيا.

malheureusement	لِلأَسَف
désolé	مُتَأَسِّف
au contraire	بِالعكس
croire	صَدَّق (يُصَدِّق)

Le participe actif des verbes concaves prend une hamza.
Ex. : قال ⟶ قائِل ، باع ⟶ بائِع ، نام ⟶ نائِم

Le participe passif اِسم المَفعول

- Tous les **verbes d'action transitifs** ont un participe passif qui désigne la personne ou la chose qui subit l'action. Comme le participe actif, c'est un nom qui peut être ou non déterminé.
- Pour les verbes simples, le participe passif est **formé sur le schème مَفْعول**.
Ex. : كَتَبَ ⟶ مكْتوب ce qui est écrit.
- Le participe passif des verbes de **plus de trois lettres commence par مُـ**. La 2e lettre de la racine a toujours une voyelle ـَـ .
Ex. : أَنْتَجَ ⟶ مُنْتَج ce qui est produit
- Le participe passif peut être substantivé, comme le participe actif.
Ex. : مكْتوب lettre ، مَشْروب boisson ، مُسْتَقْبَل futur
Parfois, le sens du substantif est un peu éloigné de celui du participe.

4 **Parmi les mots suivants, lesquels sont des participes passifs ? De quels verbes ?**

مَشْهور : اسم مفعول من شهَر

١. مجموع .... – ٢. ملعب .... – ٣. مسكين ....

٤. مأكول .... – ٥. ممنوع .... – ٦. موعد ....

٧. مُكسَّر .... – ٨. مُنْفعِل .... – ٩. مِحراث ....

5 **Complète les phrases suivantes à l'aide des participes passifs de la liste ci-dessous.**

مُنْتَج – مفْتوح – مَسْموح – مَمْنوع – مَشْهور – مَعْقول

١. لا تقترب من هذا المكان : هذا .... ! ٢. ادخل : الباب .... !

٣. لا تعرف هذا المُمثّل ؟ هو .... جدّاً ! ٤. هذا زيت زيتون مُمتاز : هو .... في بلدي!

٥. هذا غير .... ! لا أستطيع أن أُصدِّقه ! ٦. هل يُمكنني أن آخذ فواكه ؟ هل هذا .... ؟

6 **Voici la carte du restaurant الواحة. On y sert quelques plats orientaux. Entoure les participes passifs.**

مطعم الواحة كافّة الأصناف الشرقيّة	
المأكولات	**المشروبات**
• صحن سلطة • صحن مُتَبَّل أو حمّص أو تبّولة • لحم مَشْويّ • صحن كباب • كوسى مَحْشيّ • فواكه • معمول أو حلويّات	• ماء معدنيّ • كازوز – كولا • عصير برتقال أو تفّاح • شاي • شاي بالنعناع • قهوة شرقيّة • قهوة إكسبريسو

Les verbes défectueux ont un participe passif qui se termine par ـيّ .
Ex. : مَنْسيّ oublié

Le masdar

Le masdar ou nom verbal المَصدَر

- Tous les verbes ont un masdar, qui **indique l'action** ou l'**état exprimé par le verbe**. Grammaticalement, c'est un nom mais il a un **sens proche de celui de l'infinitif du verbe** en français.
Ex. : دَخَلَ ⟶ دُخول fait d'entrer كانَ ⟶ كَوْن fait d'être
- À chaque verbe est associé **un ou plusieurs masdar**. On ne peut pas deviner quel est le masdar des verbes simples, même si certains schèmes sont assez fréquents ; aussi est-il toujours indiqué dans le dictionnaire. Seul le masdar des verbes de plus de trois lettres a une forme prédictible.

1 **Voici les masdar de quelques verbes courants. Lesquels ?**

ذَهاب : مصدر فِعْل ذهَب

١. خُروج .... – ٢. أَكْل .... – ٣. شُرْب .... – ٤. دِراسة ....

٥. قِراءَة .... – ٦. قَوْل .... – ٧. تَكَلُّم .... – ٨. رُؤْيَة ....

٩. اِسْتِماع .... – ١٠. تَعْليم .... – ١١. وِلادة .... – ١٢. مُراسَلة ....

2 **Complète les phrases suivantes à l'aide des masdar de la liste ci-dessous.**

جُلوس – تفرُّج – اسْتِماع – قِراءة – لعِب

١. أحبّ .... القِصَص البوليسيّة.

٢. يُفضّل أبي الـ............... على التلفزيون.

٣. وتفضّل أمّي الـ............... إلى أخبار الراديو.

٤. أمّا أخي الصغير فيُعجبه الـ............... بالكُرة مع أصحابه.

٥. وأخي الكبير يقْضي وقتَه في الـ............... أمام حاسوبه.

> **Le masdar est un nom : il peut donc être déterminé par l'article.**

Quelques emplois du masdar

- Le masdar peut être **utilisé comme un simple substantif**.
Ex. : fait d'écrire ⟶ écriture كتابة
- Mais le plus souvent, il **remplit la même fonction qu'un infinitif en français**. Il peut servir ainsi de complément (ou même de sujet) à un verbe. *Ex.* : Il veut sortir. يُريد الخُروج
- Le masdar peut **avoir des compléments**. Il se construit alors généralement comme le verbe dont il dérive. Il peut aussi être **premier terme d'une annexion**.
Ex. : Il est dangereux de s'approcher de cet endroit. الاِقتراب من هذا المكان خطير
Je te conseille de regarder ce film. أنصَحك بمُشاهدة هذا الفيلم
- Le masdar est aussi utilisé dans certaines tournures idiomatiques, comme le « complément absolu ». *Ex.* : Il m'a beaucoup remercié. شكَرَني شُكْراً جزيلاً

3 **Indique son schème derrière chaque masdar, comme dans l'exemple.**

فِلاحة = فِعالة – اشْتِراك .... – اِتّصال .... – إخْبار ....

رُجوع .... – وُصول .... – خِياطة .... – إهْمال ....

تَفْكير .... – عَمَل .... – شُعور .... – إحْساس ....

سَمْع .... – حُكْم .... – تَحْويل .... – جَمْع ....

4 **Khaled doit garder sa petite sœur Lamia. Il lui propose toutes sortes d'occupations, mais elle ne veut vraiment rien faire. Complète leur dialogue.**

خالد : تريدين مُشاهَدة فيلم «مات دامون» ؟

لمياء : لا، قد شاهدتُه أمس !

خالد : تريدين الاستماع إلى أسطوانة «ريحانة» ؟

لمياء : .... !

خالد : تريدين الذهاب إلى المسبح ؟

لمياء : .... !

خالد : تريدين زِيارة المتحف الجديد ؟

لمياء : .... !

خالد : تريدين أكْل حلويّات شرقيّة ؟

لمياء : .... !

خالد : تريدين اللعِب على «النينتندو» ؟

لمياء : .... !

خالد : افعلي ما تريدين إذْن... سألعب وحدي !

5 **Aide Julie à compléter la lettre à son amie Zineb au Maroc pour la remercier de la semaine de vacances qu'elle a passée chez elle.**

عزيزتي زينب

بعد التحيّة والسلام، أشكرك .... جزيلاً على هذا الأسبوع الرائع الّذي قضيتُه

عندك في مرّاكش. كم أعجبتني .... (زار) المدينة معك و .... (شاهد)

الأسواق القديمة والشوارع الضيِّقة ! فرحتُ بـ ....

(رأى) أهلي وإخوتي عند ....ي (رجع) إلى الدار أمّا الآن

فأشتاق إليك وإلى بلدِك الجميل. سأُواصِل .... (درس)

العربيّة هذه السنة لأستطيع .... (قرأ) رسائلك.

قُبلاتي صديقتك جولي

salutation	تَحيّة
étroit	ضَيِّق
se réjouir de	فرِح ــ بـ
s'ennuyer de	اِشْتاق (يَشْتاق) إلى
continuer	واصَل (يُواصِل)
printemps	رَبيع

Les accords verbe-sujet

L'accord en genre

- Le verbe s'accorde **au masculin** avec un sujet masculin, **au féminin** avec un sujet féminin.
- Comme en français, le masculin l'emporte sur le féminin.

Ex. : يُسافر أخي وأختي إلى السعوديّة.

سمعت أنّ التلاميذ والتلميذات يدرسون الألمانيّة في هذه المدرسة.

1 **Relie chaque verbe à son sujet.**

١. أختي	ا – تدرّبوا
٢. أخي	ب – تدرّبا
٣. إخوتي	ت – تدرّبَتا
٤. أخواتي	ث – تدرّبَتْ
٥. أخي وأختي	ج – تدرّبْنَ
٦. أختي الصغيرة وأختي الكبيرة	ح – تدرّبَ

2 **Accorde les verbes entre parenthèses avec leur sujet.**

١. قال لي إنّ سلوى وأحمد .... (يشارك) في بطولة التنس.

٢. كنت أعلم أنّ أحمد وسليم .... (يلعب) التنس كلّ يوم. أمّا سلوى...

٣. قالوا لي إنّ سلوى وأختها الصغيرة .... (تدرّب) يوميّاً.

٤. هل تعرف أنّ نادية وأخواتها .... (اشترى) بِطاقات ليوم السبت.

٥. لا تقُلْ لأحمد إنّ إخوتَه .... (يريد) أن .... (يحضر) المباراة أيضاً !

٦. أعتقد أنّ كلّ تلميذات المدرسة سـ.......... (يفرح) لأنّ سلوى سـ.......... (يفوز) بدون شكّ !

Attention ! En arabe le verbe a une forme différente au masculin et au féminin à la 3e personne ; au singulier, au duel et au pluriel.

L'accord en nombre

- **Règles générales**

– Lorsque le verbe **précède son sujet** (ce qui est l'ordre normal des mots dans une phrase verbale), **le verbe reste au singulier** quel que soit le nombre du sujet (singulier, duel ou pluriel).

Ex. :

يجلس الرجل	يجلس الرجلان	يجلس الرجال
تجلس البنت	تجلس البنتان	تجلس البنات

– Lorsque le verbe est **placé après son sujet, il s'accorde en nombre avec lui**, selon les règles de l'arabe (attention au cas d'un sujet non-humain au pluriel ; voir ci-dessous).

Ex. : وقف الرجلان وخرجا | وقف الرجال وخرجوا
وقفت البنتان وخرجتا | وقفت البنات وخرجن

● **L'accord avec un sujet non-humain au pluriel**

Un sujet au pluriel désignant un non-humain détermine **un accord au féminin singulier**.

Ex. : تسير السيّارات. Les voitures roulent.
البَرامج تغيّرتْ. Les programmes ont changé.
تنبَح الكِلاب. Les chiens aboient.

3 **Anis a raté un épisode de son feuilleton préféré. Il demande à sa sœur Amal de le lui raconter. Complète ses réponses.**

أنيس : هل استطاع الأولاد الثلاثة رُكوب الباخرة ؟

أمل : نعم، الأولاد الثلاثة ركبوا الباخرة لكنها لم تمُرّ بالجزيرة.

أنيس : وهل عرفهم رُكّاب الباخرة الآخرون ؟

أمل : نعم، الركّاب الآخرون ....هم.

أنيس : وهل كانت الجارتان الصغيرتان معهم ؟

أمل : نعم : هما .... معهم.

أنيس : وهل استطاعوا الوصول إلى الجزيرة في النهاية ؟

أمل : نعم، .... إلى الجزيرة في النهاية.

أنيس : وهل استطاعوا العُثور على الكنْز ؟

أمل : لا، لم .... على الكنز. يجب أن ننتظر الأسبوع المُقبِل !

Quand le sujet a déjà été exprimé plus tôt, le verbe s'accorde en nombre avec lui.

4 **Ce soir a lieu un match décisif pour la finale de la coupe de football. Il est retransmis en direct sur la première chaîne. Voici le commentaire du journaliste sportif. Pendant ce temps, la deuxième chaîne retransmet une finale féminine. Imagine ce que dit le commentateur…**

يظهر اللاعبون الـ ٢٢ مع تصْفيق الجمهور ويتّجهون إلى وسط الملعب حيث ينتظرهم الحكم مع مُساعِديه. يتبادل اللاعبون التحيّة ثمّ يتوجّهون إلى أماكنِهم. يحلم كلّ اللاعبين بالفوز ويريد كلّ المُهاجمين أن يُسجّلوا هدفاً جميلاً كما يتمنّى الحارسان أن يوقِفا الكرة في كلّ مرّة... أمّا المُدافعون فعليهم أن ينتبهوا إلى كلّ شيء. فَلْتبدأ المُباراة !

....
....
....
....

applaudissements	تَصْفيق
se diriger	اِتّجَه (يَتّجِه) = تَوجّه
arbitre	حَكَم
échanger	تَبادَل (يَتَبادَل)
rêver de	حَلَم ـُ بـِ
attaquant	مُهاجِم ج ون
but	هَدَف ج أهْداف
gardien (de but)	حارِس (المَرْمى)
stopper	أوْقَف (يوقِف)
défenseur	مُدافِع ج ون

Le régime des verbes et les principales prépositions

Le régime des verbes

- Comme en français, la plupart des verbes admettent des **compléments d'objet** : ils sont **transitifs.** Si le complément est direct, le verbe est **transitif direct.** S'il est indirect (introduit par une préposition), le verbe est **transitif indirect.**
- Parmi les verbes transitifs directs, quelques-uns ont un **double complément direct.**

Ex. : Elle m'a donné une feuille. أعْطَتْني ورقة

Il enseigne l'arabe aux élèves. يدرّس التلاميذ العربيّة

1 Complète les phrases suivantes à l'aide des verbes de la liste ci-dessous.

أعطِني – تُدرّسنا – سلّمَه – أُعْطيك – علَّموها

١. ســ.................... ٥٠ ليرة.

٢. .... الأستاذة إلهام التاريخ والجغرافيا.

٣. .... الفرنسيّة منذ الطفولة.

٤. .... كأس ماء من فضلك !

٥. .... رسالة مهمّة جدّاً.

2 Lis le dialogue suivant. Souligne en noir les verbes transitifs directs et en bleu les verbes transitifs indirects.

Il existe quelques verbes intransitifs, qui n'admettent pas de complément d'objet, comme par exemple les verbes d'état.

كَوْثَر : اِسمَعني جيّداً يا ناجي ! لن تحصُل على شيء هكذا ! يجب أن تَهْتَمّ بِدراستك أكثر...

ناجي : لا أحبّ الرياضيّات. ولا تُعجبني هذه المدرسة.

كوثر : فكِّر في مُستقبلِك يا أخي ! ستعمل يوماً ما... ماذا تُفَضِّل ؟ أن تخْتار عملاً يُعجِبك أم ماذا ؟...

ناجي : قرأتُ درسي ولم أحفَظ شيئاً. ساعِديني قليلاً... اُنظُري إلى هذا التمرين، هو صعب جدّاً !

كوثر : لا، أبداً ! سأشرح لك الدرس. اقترِبْ منّي وأعطِني قلماً من فضلك !

ناجي : حاضِر ! شكراً يا أختي، أنت ألطف أخت في الدنيا !

Les prépositions

Les principales prépositions sont : في، من، عن، إلى، على، حتّى

- Voici **comment se construisent** quelques-uns des **verbes les plus courants** :

تفرّج على – وَجَبَ على – سلّم على – قَصّ على – حَصَل على – ذَهَب إلى – احْتاج إلى – دَخَل إلى – نَظَر إلى – اِستمَعَ إلى – طَلَب من – رَجَع من – خرج من – اِقترَب من – ضَحِك من – سَأَل عن – أجاب عن – بَحَث عن – تَحدَّث عن – اِبتَعَد عن – اِهتَمَّ بـ – أخبَر بـ – قام بـ – شَعَر بـ – أُعْجِبَ بـ – قارَن بـ – قال لـ – حكَى لـ – اِسْتَعَدَّ لـ – حدَث لـ – جرى لـ – سكَن في – عَمِل في – فكَّر في – شَكَّ في

- Un même verbe peut avoir **plusieurs compléments indirects**, comme en français.

Ex. : Il lui a permis d'entrer. سَمَح له بالدخول

- Un même verbe peut prendre des **sens différents en fonction de la préposition avec laquelle il se construit.**

Ex. : Il a peur pour lui. يخاف عليه Il a peur de lui. يَخاف منه

- Les **« quasi-prépositions »** sont des noms « figés », utilisés comme des prépositions. Elles sont très nombreuses. Elles peuvent se combiner avec les prépositions.

Ex. : ... ذَهَب إلى عند

3 **Complète les phrases suivantes à l'aide de prépositions**

١. فكّرتُ طويلاً .... الأمر.
٢. سيُخبِره .... القصّة.
٣. طلبَتْ .... أختها أن تُساعدَها.
٤. يحكي .... أصحابه ما حدث ....ه.
٥. بحثنا ....ها لكنّنا لم نجدْها.
٦. ينظرون بِسُرعة .... السبّورة.

4 **Aide Muhammad et Ali à compléter leur dialogue : Muhammad n'entend pas bien la différence entre les prépositions على et إلى , tandis que Ali confond من et عن.**

محمد : مَن دعوتَ .... الحفلة ؟ يجب ....نا أن نعرف مُنذُ الآن مَن سَيَحضُر !
علي : سيأتي .... عائلتي أربعة أشخاص وعشرة .... أصدقائي !
محمد : اُنظُر .... هنا ! ما رأيك في هذا الكرسيّ ؟
علي : أُفضِّل هذا الكرسيّ الأسود .... ذلك الأحمر... اِبتَعِد .... هنا، لا أرى شيئاً !
محمد : سألوني أمس .... الموسيقى. ماذا تُفضّل ؟ موسيقى عربيّة أم موسيقى غربيّة ؟
علي : .... الأفضَل أن يكون هناك الاثنان. مع مَن تحدّثتَ .... الموسيقى ؟
محمد : مع أصحاب المدرسة. سآخذ أسطوانات .... عِند مصطفى،
عنده مجموعة كاملة .... الأغاني الشرقيّة .... الموضة !
علي : .... فكرة... يجب أن نُفكّر .... الآن في الأكل والمشروبات.
محمد : سأهتَمّ أنا بالمشروبات ! هل تستطيع أن تُحضّر أنت الأكل مع أختك ؟؟؟

personne	شَخْص ج أَشْخاص
occidental	غَرْبيّ
oriental	شَرْقيّ
collection	مَجْموعة
mode	موضة

La phrase nominale simple

La phrase nominale affirmative

- Une phrase nominale ne commence pas par un verbe mais **par un nom ou un pronom**. La phrase nominale de base est constituée de deux éléments, le **thème** المُبْتَدَأ et le **ẖabar** الخَبَر ou **prédicat**. Le ẖabar peut être :
  – un nom, un adjectif ou un groupe nominal. *Ex.* : هذا طبيب مشهور
  – un groupe prépositionnel. *Ex.* : بيتنا أمام المدرسة
  – un groupe verbal ou une autre phrase. *Ex.* : أبي يعمل في البنك
- Si le ẖabar est un nom ou un adjectif, il s'accorde en **genre** et en **nombre** avec le **thème** selon les règles de l'accord en arabe. Le **thème** est au **cas sujet** (nominatif), le ẖabar aussi.

Ex. : الكلبُ صغيرٌ | سامية بِنتٌ صغيرةٌ | نبيل وَلَدٌ صغيرٌ
الكِلابُ صغيرةٌ | بناتي صغيراتٌ | أولادي صِغارٌ

- Dans la **phrase nominale locative,** l'ordre est inversé et la phrase commence **par le ẖabar**. Le ẖabar est alors un groupe nominal introduit par une préposition. Le thème est indéterminé.

Ex. : Il y a un nouvel élève dans notre classe. في قِسمِنا تلميذٌ جديدٌ.
Nous avons une nouvelle voiture. عِندَنا سيّارةٌ جديدةٌ.

1 **Souligne le ẖabar dans les phrases suivantes, puis traduis-les en français.**

Pour traduire les phrases nominales en français, on utilise généralement le verbe *être* (sauf dans les phrases locatives).

١. صاحبي الجديد إنكليزيّ من أصل هنديّ. ....
٢. له أخ كبير وأُختان أصغَر منه. ....
٣. اِسْمه جمال ولَقَبه «جيم». ....

2 **Lis le dialogue suivant puis souligne les phrases nominales affirmatives.**

فوزيّة : عندي مُشكلة مع الحاسوب. هل يُمكِنك أن تُساعِدني ؟
جَعْفَر : طبعاً... آه، هذا الحاسوب حديث جدّاً، هو مُمتاز. مبروك يا فوزيّة !
فوزيّة : الله يبارك فيك ! اُنظر ! المفاتيح لا تَشتغِل !
جَعْفَر : سوف أنظر. أين الفأْرة ؟
فوزيّة : هي هنا قُرب دليل المُسْتَخْدِم. لم أُرَكّبها !
جَعْفَر : طيّب. الشاشة كبيرة، برافو عليك ! عندي حاسوب أصغَر وأقدَم بِكثير من حاسوبك. أعطِني الدليل من فضلك !
فوزيّة : تفضّل، ها هو ! نظرتُ فيه لكنّي لم أفهم كيف أحُلّ مُشكلتي !
جَعْفَر : لا تخافي، سوف نَجِد. الدليل ممتاز أيضاً، كلّ شيء واضح !

clavier	مَفاتيح
travailler, fonctionner	اِشْتَغَل (يَشْتَغِل)
souris	فَأْرة
guide de l'utilisateur	دَليل المُسْتَخْدِم
installer	ركَّب (يُركِّب)
écran	شاشة
informatique	مَعْلوماتيّة

فوزيّة : هو واضح لك لأنّك قويّ في المَعْلوماتيّة
وفي الإنكليزيّة : هو مكتوب بالإنكليزيّة !
جَعْفَر : تفضّلي يا فوزيّة. حاسوبك جاهز. المفاتيح
تشتغِل، الفأرة تشتغل. مبروك !
فوزيّة : شكراً يا جعفر. تعالَ نشرب فنجان قهوة أو
كأس شاي الآن !

Les modifications de la phrase nominale

- Pour mettre une phrase nominale **au passé ou au futur**, on utilise le verbe كان .
Ex. : كان عندي بيت جميل   سيكون عندي بيت جميل

- Pour mettre une phrase nominale **à la forme négative au présent**, on utilise le verbe لَيْسَ, qui signifie *ne pas être*.
ليست المدرسة بعيدة عن هنا.

Voici la conjugaison de لَيْسَ, qui se conjugue comme un verbe à l'accompli mais avec le sens d'un présent.

الجَمع	المُثَنّى	المُفرَد	
لَسْنا	لَسْنا	لَسْتُ	المُتكلِّم
لَسْتُمْ	لَسْتُما	لَسْتَ	المُخاطَب
لَسْتُنَّ		لَسْتِ	المُخاطَبة
لَيْسوا	لَيْسا	لَيْسَ	الغائِب
لَسْنَ	لَيْسَتا	لَيْسَتْ	الغائِبة

- Pour la **forme négative au passé ou au futur**, on utilise le verbe كان avec la négation qui convient.

Ex. : Il ne sera pas. لَن يكونَ.   Il n'était pas. ما كان = لَم يكُنْ.

3 **Mets les phrases suivantes au passé.**

١. لي صديق ألمانيّ. ....

٢. مدرستُنا بعيدة عن بيتِنا. ....

٣. أصحابي يسكُنون قُربَ المدرسة. ....

٤. أخي أقوى منّي في المعلوماتيّة. ....

4 **Mets les phrases suivantes à la forme affirmative.**

كان et ليس restent invariables dans une phrase locative.
Ex. **: كان عندي سيارة بيضاء**
ليس لي أصدقاء هنا

١. لستُ أطول منهم. ....

٢. ليسَتْ لطيفة مع إخوتِها. ....

٣. لسنا سُكّان هذا الحيّ. ....

٤. لم يكُن عِندنا مُشكلة. ....

La phrase verbale simple

L'ordre des mots dans la phrase verbale

- Une phrase verbale **commence par un verbe.** L'ordre normal des mots est alors le suivant : verbe + sujet + compléments.
- Dans une phrase verbale, le **sujet** se met **au cas sujet** (nominatif), les **compléments directs au cas direct** et les **compléments indirects au cas indirect.**
Ex. : يَتعلّم التَلاميذُ العربيّةَ والإنكليزيّةَ في المدرسةِ
- Lorsque le **complément d'objet** est un **pronom**, il est généralement placé avant le sujet. C'est parfois aussi le cas pour des noms compléments, notamment avec certains verbes.
Ex. : بَحَثَ عنه رِجالُ الشرطة | يَنتظِرني صاحبي
يُدرّسنا التاريخَ الأُستاذُ مكْرَم | أخبرَنا بها المُديرُ

1 **Dans chaque phrase, souligne le sujet, mets la voyelle finale de déclinaison, puis traduis l'énoncé en français.**

١. كلّمني صديقي الساكن في أُستراليا عَبرَ الإنترنِت. ....

٢. لا يعرف أهله متى سيُسافرون إلى الإمارات. ....

٣. يُريد إخوته العودة إلى أوروبّا. ....

٤. لا تُعجِبهم الحياة في مدينة سيدني. ....

2 **Complète le dialogue suivant entre Anne et Jawad à l'aide du verbe عرف en le mettant à la forme qui convient (attention aux accords).**

آن : سأدرُس الإيطاليّة العام المُقبِل. ويفعل مُعظَم أصدقائي مثلي. وأنت ؟

جواد : أنا لا ! ما الفائِدة ؟ زرتُ روما في الصيف الماضي : .... كلّ الناس الفرنسيّة أو الإنكليزيّة...

آن : ليس كلّ الناس. من .... الإنكليزيّة في فرنسا ؟ بِالطَبع الناس الّذين يعملون في الفنادِق والمقاهي والمطاعِم ....ها. وهو نفس الشيء في إيطاليا.

جواد : أنا لن أُسافر أبداً إلى بُلدان لا .... أهلُها الفرنسيّة أو الإنكليزيّة.

آن : قُل لي... كيف تفعل عندما تسافر إلى المغرب خلال العطلة ؟

جواد : أنا .... العربيّة !

آن : أنتَ تقطَع إسبانيا عندما تسافر إلى المغرب ! ألم تُفكّر في تعلُّم الإسبانيّة ؟ هل .... كلّ الإسبانيّون الفرنسيّة ؟

prochain	مُقْبِل
la plupart...	مُعْظَم...
à quoi bon ?	ما الفائِدة ؟
couper, traverser	قَطَع ـَـ
traduire	تَرْجَم (يُتَرْجِم)

جواد : كلّ الشبـاب .... الإنكليزيّة ! ولا أتكلّم مع الكِبار !

آن : طيّب... لا تطلُب منّي أبداً أن أُترجِم لك شيئاً !

جواد : أنت على كلّ حال لا .... الإسبانيّة !

Les compléments

- L'**ordre des compléments** dans la phrase verbale est généralement le suivant : les compléments d'objet précèdent les compléments circonstanciels et les compléments directs précèdent les compléments indirects.

Ex. : تحكي الجدّةُ قصّةً جميلةً لِأحفادِها كلَّ مساءٍ بعد العَشاء

- Comme en français, on distingue les **compléments circonstanciels** de lieu, de temps, de but, de cause... Certains compléments circonstanciels sont des compléments directs.

Ex. : يُسافر هذا المساءَ في التاسعة

- Le **complément d'état** indique l'état du sujet. C'est un nom, un adjectif ou un participe au cas direct indéterminé, qui s'accorde en genre et en nombre avec le sujet.

Ex. : Il est rentré à la maison en courant. رجع إلى البيتِ راكضاً.

- Le **complément absolu** est formé du **masdar** du verbe, souvent accompagné d'un qualificatif. Il est au cas direct indéterminé.

Ex. : Il m'a vivement remercié. شكرني شكراً جزيلاً.

En français, on traduit souvent le complément absolu par un adverbe.

3 **Complète les phrases suivantes à l'aide des compléments d'état de la liste ci-dessous.**

باكية – راكضينَ – ضاحِكاً – مُسْرِعة – مُتْعَبات

١. ذهبَت الأمّ إلى السوق ....

٢. رجع الأولاد من المَلعَب ....

٣. نظر إليّ صاحبي ....

٤. خرجَت البنت الصغيرة من القاعة ....

٥. عادت صديقاتي من رِحلتِهنّ ....

Rappel : le complément d'état s'accorde en genre et en nombre avec le sujet du verbe.

4 **Lis le dialogue suivant entre Lara et Souad et souligne en noir les compléments absolus et en bleu les compléments d'état.**

réprobation	اِسْتِنْكار
étonnement	اِسْتِغْراب
avoir l'intention de	نَوى (يَنْوي)
inhabituel	غَيْر عاديّ
chapeau	قُبَّعة
sac	شَنْطة
porter (un vêtement)	اِرْتَدى (يَرْتَدي)

لارا : لماذا تنظُرين إليّ هكذا ؟ تنظرين إليّ نظرة استنكار !

سُعاد : لا أنظر إليك نظرة استنكار بل نظرة استغراب. هل تنوين أن تخرُجي لابسة هذه الملابِس ؟

لارا : قد خرجتُ معك في الماضي لابِسة ملابس غير عاديّة...

سُعاد : صحيح ولكن هذه المرّة لا أستطيع... ملابسك مُضحِكة ! غيِّريها من فضلك.

لارا : طيّب. أترك الشمسيّة والقبّعة والشنطة لكنّي لا أتعشّى إلاّ مُرتدية فُستاني الجميل.

سُعاد : برافو. شكراً يا لارا. أشكُرك شكراً جزيلاً. يا الله، فَلنذهَب !

Les complétives avec أنْ

La syntaxe de أنْ

- Une subordonnée complétive est une **phrase verbale qui a la même fonction qu'un nom.** Elle est introduite par أنْ . Note que le masdar peut remplir la même fonction. Les deux constructions sont pratiquement équivalentes.
Ex. : Je veux sortir. أُريد أنْ أخرُج = أريد الخروج.
- Le verbe de la complétive est à **l'inaccompli subjonctif.**
Ex. : Il veut aller à Dubai. يُريد أنْ يذهبَ إلى دُبي.
- En français, on **traduit souvent une complétive par un infinitif,** sauf quand son sujet diffère de celui de la principale.
Ex. : Il veut que j'aille à Dubai. يريد أنْ أذهبَ إلى دُبي.

1 **Forme des phrases correctes en assemblant les éléments suivants conformément à l'exemple ci-dessous.**

أحبّ + تدرسين العربيّة ← أحبّ أنْ تدرسي العربيّة

١. يَوَدّ + يسافرون معه بالباخرة. ....

٢. ليس بإمكاني + أشتري داراً في هذه المدينة. ....

٣. يجِب عليكما + تجتهدان طول العام الدراسيّ. ....

٤. طلبوا منّا + نهتمّ بأولادِهم ونُساعدُهم. ....

٥. لا يستطيعون + يترُكون عملَهم قبل الثامنة. ....

٦. أُفضّل + تنتظِرونَني داخل المقهى. ....

2 **Transforme les phrases suivantes en remplaçant la construction avec le masdar par la tournure verbale avec أنْ, conformément à l'exemple ci-dessous.**

تُحبّ مريم السفر إلى تاهيتي. ← تحبّ مريم أنْ تُسافرَ إلى تاهيتي.

١. لن أستطيع الوُصول في الوقت المُحدَّد.

....

٢. يجِب علينا إخْبار المُدير بهذه المُشكلة.

....

٣. هل يُمكنكِ الاِتّصال بي عند رجوعك يا فضيلة ؟

....

٤. طلبت منهم قِراءة قصّة قصيرة لِنجيب محفوظ للأسبوع القادم.

....

> Lorsqu'un *masdar* est suivi d'un complément de nom (dans une annexion), il ne peut évidemment pas être précédé d'un article. Ce complément de nom devient complément d'objet du verbe de la complétive.

Les verbes suivis de أَنْ

Sont suivis généralement de أَنْ les verbes qui expriment la **nécessité**, la **crainte**, la **volonté**, la **possibilité**, le **souhait** etc., comme par exemple :

craindre	خاف (يَخاف)	falloir	وَجَب (يَجِب)
aimer, désirer	وَدّ ـَـ = أحبّ (يُحِبّ)	vouloir	أراد (يُريد)
être possible à	أمكن (يُمْكِن)	pouvoir	اِسْتَطاع (يَسْتَطيع)
demander	طَلَب ـُـ	espérer	رَجا (يَرْجو)

3 **Linda ne travaille pas beaucoup en ce moment, et de plus elle ne fait rien à la maison. Sa mère se fâche. Traduis en arabe ce qu'elle dit à Linda.**

Il faut que tu lises tes leçons tous les soirs.

....

Je veux que tu ranges ta chambre et que tu mettes tes livres et tes cahiers dans ton cartable.

....

Je t'ai demandé d'aider ta petite sœur.

....

Tu peux regarder la télévision de huit heures à dix heures ce soir.

....

4 **Jade, la petite sœur de Linda, est encore à l'école primaire. Voici l'exercice qu'elle doit faire : trouver ce que doit faire (ou ne pas faire) chacun en fonction du métier projeté. Aide Jade et Linda en reliant un élément de la colonne de droite à un élément de celle de gauche.**

١. يحبّ نبيل أن يكون دليلاً سياحيّاً •	• ا – يجب أن تذهب كلّ يوم إلى المَسبَح
٢. يحبّ ناجي أن يكون مُمثّلاً •	• ب – يجب ألاّ تخاف من الدم
٣. تحبّ كاتية أن تكون مُطرِبة •	• ت – يجب أن يتعلّم لُغات أجنبيّة
٤. يحبّ ميخائيل أن يكون لاعب تِنِس •	• ث – يجب ألاّ تسمَن كثيراً
٥. تحبّ أسماء أن تكون بطَلة سِباحة •	• ج – يجب أن يحفَظ نصوص المسرحيّات
٦. تحبّ نجاة أن تكون عارِضة أزياء •	• ح – يجب أن يتدرّب كلّ يوم مع لاعب آخر
٧. تحِبّ سلوى أن تكون طبيبة •	• خ – يجب ألاّ يدوخ من البحر
٨. يحبّ سمير أن يكون بَحّاراً •	• د – يجب أن تدرُس الموسيقى

guide touristique دَليل سِياحيّ
mannequin عارِضة أزياء
sang دَم
se sentir mal داخ (يَدوخ)

أنْ suivi de لا s'écrit ألاّ.
Ex. : Je crains qu'il n'arrive pas aujourd'hui. أخاف ألاّ يصلَ اليوم

23 Les complétives avec أَنَّ et إِنَّ

Les verbes suivis de أَنَّ et de إِنَّ

- Sont suivis généralement de أَنَّ les verbes qui expriment la **certitude**, la **constatation**, la **probabilité**, la **déclaration**, comme :

croire, penser ظَنَّ ـُـ	croire اِعْتَقَدَ (يَعْتَقِدُ)
considérer اِعْتَبَرَ (يَعْتَبِرُ)	penser رَأى (يَرى)
s'imaginer تَصَوَّرَ (يَتَصَوَّرُ) = تَخَيَّلَ (يَتَخَيَّلُ)	
expliquer شَرَحَ ـَـ	comprendre فَهِمَ ـَـ
se rappeler تَذَكَّرَ (يَتَذَكَّرُ)	rappeler, mentionner ذَكَرَ ـُـ

- Le verbe قال (*dire*) est suivi de إِنَّ .

1 **Complète les phrases suivantes en ajoutant أَنَّ ou إِنَّ.**

١. قال لي نجيب .... فريقَه أصبح أحسن فريق في المدينة كلّها.

٢. أعتقِد ....ـه يُبالِغ لكنّ أخي يظُنّ ....ـه قال الحقيقة.

٣. فهِمت منه ....ـه يتدرّب كلّ يوم في الصباح الباكر.

٤. قال لي أيضاً ....ـهم يلعبون كلّ يوم سَبْت في مُباراة رسميّة.

٥. شرَح لي أخي .... التدريب أهمّ شيء في الرياضة.

٦. أتذكّر ....ـني أردتُ أنْ ألعب في فريقِه لكنّهم اعتبروا ....ـني صغير وضعيف فلَم يقبلوني !

La syntaxe de أَنَّ et de إِنَّ

- أَنَّ et إِنَّ introduisent une **phrase nominale.** Elles sont **suivies d'un nom ou d'un pronom affixe.** *Ex.* : أعتقِد أنّ هذا العَصير طيِّب جدّاً وأنّكِ ستُحبّينَه.
قلتَ لنا إنّك مريض وإنّك لم تأكُلْ شيئاً.
- أَنَّ et إِنَّ sont des **particules du cas direct.** Lorsqu'elles sont **suivies d'un nom**, ce **nom est au cas direct.** Le reste de la phrase ne change pas.
Ex. : هل تعرف أنّ الأستاذَ غائبٌ اليوم ؟

2 **Forme des phrases correctes en assemblant les éléments suivants comme dans l'exemple.**

أعتقد + هو قويّ في الرياضة ⟵ أعتقد أنّه قويّ في الرياضة

١. قالوا لي + أنا ألطَف بنات المدرسة. ....

٢. هل تظنّون + تسافرون غداً ؟ ....

٣. شرح لي + لا يستطيع الوصول قبل العاشرة. ....

٤. أتصوّر + أنت مُتعَبة الآن. ....

3 **Fais précéder les phrases suivantes de قال pour les mettre au style indirect comme dans l'exemple ci-dessous.**

قال : «أريد أن أزور المتحف !» ⟵ قال إنّه يريد أن يزور المتحف

١. قالت : «أحبّ أن آكل في المطعم !» ....

٢. قلتَ : «أنا ألمانيّ من أصل تُركيّ !» ....

٣. قالوا : «سنزور الأهرام وأبو الهول والمتحف المصريّ في القاهرة !» ....

٤. قال : «أسكن في بِناية عالية جدّاً، أسكن في الطابق التاسع والعشرين !» ....

٥. قلتِ : «أنا فرنسيّة ! أعيش في المغرب مُنذُ عامَين !» ....

٦. قُلْتم : «سنلعب في مُباراة وِدّيّة يوم السبت !» ....

Pour mettre au style indirect une phrase qui commence par un verbe, on utilise إنّ suivi du pronom affixe correspondant à la personne à laquelle le verbe est conjugué. *Ex.* : تلعبين : أنتِ ⟵ (قال) إنكِ...

4 **Lis le dialogue suivant entre Najwa et sa tante Houda et complète en ajoutant أنْ ou أنّ.**

نجوى : يا خالتي، هل يُمكنني .... أسألك سؤالاً ؟

هدى : بالطبع... ماذا تريدين .... تطلُبي منّي ؟

نجوى : خالتي هدى، عليّ .... أقوم بِدَوْرة في شَرِكة أو في إدارة... أعتقد ....ك تعرفين ما هي هذه الدورات ؟

هدى : تماماً... وفهمت .... الدورات أصبحت إجباريّة في كلّ المدارِس تقريباً.

نجوى : بالضبط يا خالتي ! هل تظُنّين ....ه من المُمكن .... أشتغِل معك مُدّة أسبوع ؟

هدى : معي ؟ في العيادة ؟ نعم، بالتأكيد... ولكن يجِب .... أسأل الدكتور عزّ الدين. لا نستطيع .... نستقبِل أكثر من تلميذَين في الأسبوع نفسِه.

نجوى : ومتى سيُعطيك الجواب ؟

هدى : لا أعرف... أتذكّر الآن .... ابن أخت الدكتورة فائزة ستقوم بِدورة عندنا في أوّل أيّام ديسمبر.

نجوى : لا أتصوّر .... الدورة ستبدأ في مدرستِنا قبل ١٥ ديسمبر !

هدى : اتّصِلي بي غداً بعد الظُهر. إلى اللقاء !

نجوى : إلى اللقاء !

شَرِكة ج ات	société, entreprise
إدارة ج ات	administration
إجْباريّ	obligatoire
مُدّة	période, durée
عيادة	clinique, cabinet médical

La syntaxe de كان

كان dans une phrase verbale

Dans une phrase verbale, le verbe كان est utilisé comme **auxiliaire**.

- Conjugué **à l'accompli devant un verbe à l'inaccompli**, il sert à exprimer **l'imparfait**.

Ex. : J'habitais dans la capitale. كنتُ أسكن في العاصمة.

- Conjugué **à l'accompli devant un verbe à l'accompli**, il sert à exprimer le **plus-que-parfait**.

Ex. : J'avais déménagé dans un autre quartier. كنتُ قد اِنتقلتُ إلى حيّ آخَر.

Dans ce cas, on emploie très souvent la particule قد qui est insérée entre les deux verbes.

- Si le **sujet est exprimé**, il est généralement **inséré entre les deux verbes**. S'il est au pluriel ou au duel, seul le second verbe s'accorde en nombre, كان reste au singulier.

Ex. : كان أصحابي يسكنون في الحيّ القديم

- Voici la conjugaison de كان à l'accompli.

	المُفرَد	المُثَنّى	الجَمع
المُتكلِّم	كُنْتُ	كُنّا	كُنّا
المُخاطَب	كُنْتَ	كُنْتُما	كُنْتُمْ
المُخاطَبة	كُنْتِ		كُنْتُنَّ
الغائِب	كانَ	كانا	كانوا
الغائِبة	كانَتْ	كانَتا	كُنَّ

1 **Mets les phrases suivantes à l'imparfait en les faisant précéder de كان.**

١. يَستمِع أخي إلى أغاني أمّ كلثوم وفيروز مع عمِّنا. ....

٢. تشرَب ليزا كأس شاي بالنعناع كلّ يوم. ....

٣. يلعَب جيراني في فريق المدرسة لِكرة اليد. ....

٤. يتفرّج مُراد وأختُه سُنْدُس على مُسلسلات مصريّة. ....

2 **Mets les phrases suivantes au plus-que-parfait en les faisant précéder de كان.**

١. زُرنا الآثار الرومانيّة في الجزائر وفي تونس وحتّى في ليبيا ! ....

٢. بدأت الحفلة في التاسعة. ....

٣. هاجَر أولاد خالتي إلى كَنَدا. ....

٤. غادرَت الطائرتان مَطار دِمَشق الدَوليّ. ....

Repère bien quel est le sujet du verbe et fais les accords selon les règles d'accord en arabe.

كان dans une phrase nominale

كان est utilisé pour introduire une **valeur temporelle** dans une **phrase nominale**.

- Pour **situer la phrase dans le passé**, on utilise كان **à l'accompli**. Pour situer la phrase **dans le futur**, on utilise كان **à l'inaccompli**, précédé généralement de la particule سَـ ou سَوْفَ.
- Le **ḫabar** se met au **cas direct si c'est un nom ou un adjectif**. Le reste de la phrase ne change pas. *Ex.* : البيتُ بعيدٌ ← كان البيتُ بعيداً
- Pour la négation de la phrase nominale au passé et au futur, on utilise كان respectivement avec لم et avec لن. *Ex.* : لم يكُنْ درسي صعباً لن يكونَ الانتظارُ طويلاً
- Pour la **négation de la phrase nominale au présent**, on utilise ليس qui se construit exactement comme كان.

3 **Mets les phrases suivantes au passé en les faisant précéder de كان.**

١. أنتم أولادٌ صِغارٌ. ....

٢. هَؤُلاء التلميذاتُ لطيفاتٌ وذكيّاتٌ جدّاً. ....

٣. أصدقاؤُك فرنسيّون ولبنانيّون. ....

٤. مدرستُنا قريبةٌ من مكتَبِ البَريد ....

Attention : dans la phrase locative, c'est le ḫabar qui est en tête de phrase. Quand on introduit كان , la phrase locative ne change pas. عندنا سيّارة صغيرةٌ ← كان عندنا سيّارة صغيرةٌ

4 **Mets au passé le résumé suivant du début de la pièce de théâtre de Tawfiq al-Hakim, «شَمْس وَقَمَر».**

شَمْس النَهار أميرة جميلة يُريد أبوها المَلِك أن تتزوّج. لكنّ شمس النهار ترفض كلّ الأُمَراء والملوك... حتّى وصول رجُل غريب إلى القصر. اسمُه قَمَر الزَمان. طبعاً ليس هذا اسمَه الحقيقيّ! لا يعرفه أَحَد. ليس أميراً ولا مَلِكاً بل هو رجلٌ عاديٌّ فقيرٌ لا يملِك شيئاً. أجوِبَتُه عن أسْئِلة الأميرة ذكيّة جدّاً. هو جريء لا يخاف منها ولا من أبيها. وهذا يُعجِب الأميرة لأنّها أيضاً جريئة شُجاعة! تريد أن تتزوّج منه وأن تذهب معه. شَخصيّتُها قويّة فَيقبَل الملك زواج ابنتِهِ الوحيدة شمس النهار بقمر الزمان...

refuser	رَفَضَ ـُـ
accepter	قَبِلَ ـَـ
prince	أَمير ج أُمَراء
étrange	غَريب
ordinaire	عاديّ
réponse	جَواب ج أَجْوِبة
question	سُؤال ج أَسْئِلة
audacieux	جَريء
courageux	شُجاع
personnalité	شَخْصيّة

....
....
....
....

Relatives et qualificatives

La proposition relative et la proposition qualificative

En arabe, la syntaxe de la proposition relative est identique à celle de l'adjectif épithète.

- Si **l'antécédent** de la relative est **déterminé**, on **utilise** un **pronom relatif**. Ce pronom **s'accorde en genre et en nombre** avec l'antécédent selon les règles d'accord en arabe (il s'accorde également en cas pour le duel).

Ex. : Je ne connais pas l'homme qui m'a salué. لا أعرف الرجُل الّذي سلّم عليّ.

Je ne connais pas la femme qui m'a salué. لا أعرف المرأة الّتي سلّمت عليّ.

Je ne connais pas les hommes qui m'ont salué. لا أعرف الرِجال الّذين سلّموا عليّ.

- Si **l'antécédent** est **indéterminé**, on **n'utilise pas de pronom relatif**. On juxtapose une proposition qui qualifie l'antécédent (proposition qualificative). Cette proposition peut être une phrase nominale ou verbale.

Ex. : Je connais un garçon qui étudie le chinois. أعرف شابّاً يدرس الصينيّة.

Je connais une fille qui étudie le chinois. أعرف فتاةً تدرس الصينيّة.

Je connais des filles qui étudient le chinois. أعرف فتَيَاتٍ يدرسنَ الصينيّة.

1 **Souligne l'antécédent et insère le pronom relatif qui convient si l'antécédent est déterminé.**

Rappel : un nom est déterminé s'il est précédé d'un article ou s'il est premier terme d'une annexion (suivi d'un complément de nom ou d'un pronom affixe) ; les noms propres sont déterminés par nature.

١. أنتظِر صديقتي سُهى .... رجعت أمس من ألمانيا.

٢. تتحدّثين عن أحداث .... وقعتْ قبل عشر سنوات !

٣. تزوّجتْ من ابنِ جيرانها .... كان يُحبّها مُنذُ الصِّغَر.

٤. هل تتذكّرين زينة .... كانت تدرس معنا في المدرسة الابتدائيّة ؟

٥. أين وضعتِ الكُتُب والمَجلاّت .... كانت على المائِدة في الصالون ؟

٦. هل وجدوا ستّ فتيات .... يرقُصنَ الرَقْص الشرقيّ ؟

2 **Associe à la question de la colonne de droite la bonne réponse dans la colonne de gauche, puis recopie selon le modèle.**

كريستوف كولومب هو البحّار الإيطاليّ الّذي اكتشف أمريكا.

١. من هو كريستوف كولومب •	• ا – كاتب مصريّ حصل على جائِزة نوبل
٢. من هي ماري كوري ؟ •	• ب – عالمة فرنسيّة اكتشفت الأشعّة X.
٣. من هي الكاهنة ؟ •	• ت – قائِدة بربريّة حاربتْ العرب.
٤. من هو طارق بن زياد ؟ •	• ث – بحّار عربيّ اخترع البوصلة.
٥. من هو نجيب محفوظ ؟ •	• ج – قائِد عربيّ فَتَح الأندلُس.
٦. من هو ابن ماجد ؟ •	• ح – بحّار إيطاليّ اكتشف أمريكا.

prix	جائِزة	fonder, créer	أَسّس (يُؤَسّس)
rayon	شُعاع ج أشِعّة	inventer	اِخْتَرَع (يَخْتَرِع)
chef, commandant	قائِد	conquérir	فَتَح ــَـ
combattre	حارَب (يُحارِب)		

....

....

....

....

....

Le pronom de rappel

Quand **l'antécédent n'est pas le sujet de la relative** ou de la qualificative, on utilise un pronom de rappel, qui s'accorde en genre et en nombre (selon les règles d'accord en arabe) avec l'antécédent et qui indique la fonction de celui-ci.
Ex. : As-tu mangé les fruits que j'ai achetés ? هل أكلتَ الفواكِهِ الّتي اشتريتُ**ها** ؟
C'est un ami dont j'ai fait la connaissance à Rome. هذا صديقٌ تعرّفتُ علي**هِ** في روما.

3 Forme des phrases selon le modèle suivant.

ينتظِر صديقة + لم يَرَ هذه الصديقة مُنذ عامَين ← ينتظر صديقةً لم يرَها منذ عامَين

١. سأقرأ كُتُباً + اشتريتُ هذه الكتب الأسبوع الماضي.

....

٢. سنتعشّى في مَطعَم + مَرَرْنا أمام هذا المطعم أمس.

....

٣. هل زُرْتم مَتحَفاً ألمانيّاً ؟ + في هذا المتحف آثار فرعونيّة رائِعة.

....

٤. هل تعرفون مُطرِباً عربيّاً ؟ + كلّ أغاني هذا المُطرب قصائِد حبّ للشاعر نِزار قبّاني.

....

4 Complète le dialogue suivant en y ajoutant les pronoms de rappel qui conviennent.

«بِلادنا جنّة حقيقيّة»

سهام : ما رأيك في هذا الإعلان ؟ انظر إلى المَنْظَر الجميل الّذي نرا...... وراء الأشخاص !

مولود : تُعجبني الجُملة الّتي كتبو...... في الأعلى. أعتقِد أنّهم نقلوها من إعلانات أنجزو...... من قبل لِشَركات أُخرى.

سهام : لا أعتقد. إنّها المرّة الأولى الّتي يهتمّون فيـ...... بالزّبائِن العرب !

مولود : على كلّ حال أتذكّر أنّي رأيت نفس الشّعار الّذي ترجمو...... هنا مكتوباً بالفرنسيّة أو بالإنكليزيّة.

سهام : الإعلانات الّتي تتكلّم عنـ...... قديمة جدّاً، قد نسيَها كلّ النّاس !

publicité	إعْلان ج ات
paysage	مَنْظَر ج مَناظر
en haut	في الأَعْلى
copier	نَقَل ــُـ
client	زَبون ج زَبائن
slogan	شِعار ج ات
réaliser	أَنْجَزَ (يُنْجِز)

Le pronom de rappel est obligatoire chaque fois que le pronom relatif n'est pas sujet de la relative ; en français, on traduirait alors le pronom relatif par *que, quoi, dont, où*.

La phrase

26 Subordonnées de temps, de cause et de but

Les subordonnées circonstancielles de temps

- Les **conjonctions** les plus utilisées pour introduire une **subordonnée de temps** sont : عِنْدَما, حينَما qui s'utilisent devant un verbe à l'accompli ou à l'inaccompli, ainsi que لَمّا qui ne s'utilise que devant un verbe à l'accompli.

Ex. : Lorsqu'il arriva chez lui, il trouva la porte ouverte. لَمّا وصل إلى داره وجد الباب مفتوحاً

Téléphone-moi quand tu arrives chez toi ! اتّصِلْ بي عِنْدَما تصِلُ إلى دارك !

- On emploie aussi fréquemment les **deux locutions conjonctives** قَبْلَ أنْ (*avant que*), suivie d'un verbe à l'inaccompli subjonctif, et بَعْدَ أنْ (*après que*), suivie selon le contexte d'un verbe à l'inaccompli subjonctif ou à l'accompli.

Ex. : بَعْدَ أن عاش هنا 30 عاماً عاد إلى وطنِهِ

سآكل أنا بَعْدَ أنْ تأكلوا أنتم

- Il existe **d'autres locutions**, comme كُلَّما (*chaque fois que*) ou بَيْنَما (*pendant que*). Elles sont fréquentes dans les récits.

1 **Tu es journaliste et tu dois faire un compte rendu de ton interview avec Halima, jeune actrice vénézuélienne d'origine arabe. Complète avec les verbes proposés.**

الصحافيّة : مثّلتِ دَوْر فتاة فقيرة تعيش قصّة حبّ مع ميليونير في آخر أفلامك. ما يكون دورك في فيلمك المُقبل ؟

حليمة : سأكون امرأة غنيّة جدّاً تملِك شرِكات في كلّ العالم وتشعَر أنّها ليست سعيدة فتريد أن تُغيّر حياتَها.

الصحافيّة : أيّ دور فضّلتِ ؟

حليمة : أحبّ كلّ الأفلام الّتي مثّلت فيها لكنّي أفضّل دائماً دوري الجديد يعني دوري في الفيلم الّذي يكتبون سيناريو له !

الصحافيّة : وهل تستطيعين أن تُخبريني بهذا الدور الجديد ؟

حليمة : أستطيع فَقَطْ أن أقول لك إنّ أحداث الفيلم ستجري في سوريا بلد أجدادي وإنّني سأتكلّم العربيّة !

الصحافيّة : يعني أنّك تستطيعين أن تُمثّلي أدواراً بالإسبانيّة وبالإنكليزيّة وبالعربيّة أيضاً ؟!

حليمة : وأحلُم بأن أمثّل يوماً بالفرنسيّة لأنّ الجمهور الفرنسيّ يُحبّني وأحبّه... وأتعلّم هذه اللّغة.

ستكون – تحلم – سألتُ – مثّلتْ – تُضيف – ستمثّلُ – قالتْ – تمثّلَ

بعد أن .... حليمة دَوْر فتاة فقيرة .... امرأة غنيّة في فيلمها المقبل. لمّا
..................ـها عن دورها المُفضَّل .... إنّها .... بالعربيّة في فيلم جديد قبل أنْ
.... أنّها .... بأنْ .... يوماً ما بالفرنسيّة.

Les mots d'origine étrangère s'orthographient souvent de plusieurs façons en arabe : ainsi on peut écrire فيلم ou bien فِلْم, أمريكا ou أميركا.

Les subordonnées circonstancielles de cause et de but

- Les subordonnées **circonstancielles de cause** sont généralement introduites par لأنّ (*parce que*), qui est l'une des particules du cas direct : elle est toujours suivie d'un nom au cas direct ou d'un pronom affixe.

Ex. : لن يحضرُ المباراة لأنّ لاعبَه المفضّل غائب / لم يحضرُ محمّد لأنّه مريض

Quand on utilise لأنّ , il faut transformer la phrase en phrase nominale, c'est-à-dire faire passer le verbe après son sujet.

Ex. : يلعب صاحبي في هذه المباراة. ← لأنّ صاحبي يلعب في هذه المباراة.

- Pour introduire une subordonnée **circonstancielle de but**, on peut utiliser les conjonctions لِ, كَيْ ou لِكَيْ (*pour que ainsi que*), حتّى (*afin que*). Ces conjonctions sont toutes suivies d'un verbe à l'inaccompli subjonctif.

Ex. : جِئتُ إلى هنا لأتكلّمَ معك.

2 **Forme des phrases complètes en introduisant لأنّ comme dans l'exemple ci-dessous.**

لا يعرف هاشم درسَه + نسي كتابَه في المدرسة ← لا يعرف هاشم درسه لأنّه نسي كتابه في المدرسة

١. أنتِ تعبانة + ركَضْتِ بِسُرعة.

....

٢. لن يستطيع أبي أن يوصِّلَني إلى المطار + سيّارتُه مُعطّلة.

....

٣. لا أستطيع أن أشتريَ الفواكِه + نَسيتُ الفُلوس في المَطبخ.

....

٤. يحبّون أن يتعشّوا في هذا المطعم + الأكل طيِّب ورخيص فيه.

....

٥. لم أنَم الليلة + أقام جيراني حفلة.

....

Quand on change l'ordre des mots en faisant passer le verbe après le sujet, ce n'est plus une phrase verbale : le verbe s'accorde en nombre.

Lexique

أ

ابْتَعَدَ يَبْتَعِدُ عَنْ	s'éloigner de
أَتَى يَأْتي	venir
أجابَ يُجيبُ عن	répondre à
إجّاصة ج إجّاص	poire
اِجْتازَ يَجْتازُ	passer, traverser
اِجْتَهَدَ يَجْتَهِدُ	faire des efforts
أجْنَبيّ	étranger
أحاطَ يُحيطُ بِـ	entourer
أحَبَّ يُحِبُّ	aimer
اِحْتاجَ يَحْتاجُ ه/إلى	avoir besoin de
اِحْتَفَلَ يَحْتَفِلُ بِـ	fêter
اِحْتَلَّ يَحْتَلُّ	occuper
أخْبَرَ يُخْبِرُ عن	informer de
اِخْتارَ يَخْتارُ	choisir
اِخْتَفى يَخْتَفي	disparaître
آخَر م أُخْرى	autre
آخِر	dernier
أُذُن ج آذان	oreille
أرْض ج أراضٍ/الأراضي	terre
أُسْبوع ج أسابيع	semaine
اِسْتَخْدَمَ يَسْتَخْدِمُ	utiliser
اِسْتَقْبَلَ يَسْتَقْبِلُ	accueillir
اِسْتَلَمَ يَسْتَلِمُ	recevoir
اِسْتَمَعَ يَسْتَمِعُ إلى	écouter
أسَد ج أُسود	lion
أسْرَعَ يُسْرِعُ	se presser
آسِف	désolé
أسْوَد م سَوْداء	noir
اِشْتَرى يَشْتَري	acheter
أشْقَر م شَقْراء	blond
أصْبَحَ يُصْبِحُ	devenir, se mettre à
أضافَ يُضيفُ	ajouter
اِعْتَقَدَ يَعْتَقِدُ	penser, croire
أعْجَبَ يُعْجِبُ ه	plaire à
أعْطى يُعْطي ه	donner à
أغْلَقَ يُغْلِقُ	fermer
أُغْنية ج أغانٍ/الأغاني	chanson
أقامَ يُقيمُ	organiser
اِقْتَرَبَ يَقْتَرِبُ مِنْ	s'approcher de
اِكْتَشَفَ يَكْتَشِفُ	découvrir
اِلْتَقى يَلْتَقي بِـ	rencontrer
اِمْتَلَكَ يَمْتَلِكُ	posséder
أمْر ج أُمور	chose, affaire
اِمْرَأة (المَرْأة) ج نِساء	femme
إمْكان	possibilité
اِنْتَبَهَ يَنْتَبِهُ إلى	faire attention à
اِنْتَظَرَ يَنْتَظِرُ	attendre
اِنْتَقَلَ يَنْتَقِلُ	déménager, se déplacer
أنْجَزَ يُنْجِزُ	réaliser, confectionner
اِهْتَمَّ يَهْتَمُّ بِـ	s'intéresser à
أهْرام/أهْرامات	pyramides
أهل	parents

ب

بائِع ج ون	vendeur
باخِرة ج بَواخِر	bateau (à vapeur)
باهِظ	exorbitant
بَحّار ج ون	marin
بُرْتُقالة ج بُرْتُقال	orange
بَشِع	laid
بِطاقة ج ات	billet
بَعيد عن	loin de
بَقّال ج ون	épicier
بَقيَ يَبْقى	rester
بِكُلّ سُرور	volontiers
بَكى يَبْكي	pleurer
بَلَد ج بِلاد	pays
بَنى يَبْني	construire
بَيْنَما	tandis que

ت

تَأخَّرَ يَتَأخَّرُ	tarder, être en retard
تَحَدَّثَ يَتَحَدَّثُ	discuter
تَحَرَّكَ يَتَحَرَّكُ	bouger
تَحَمَّلَ يَتَحَمَّلُ	supporter
تَدَرَّبَ يَتَدَرَّبُ على	s'entraîner à
تَذَكَّرَ يَتَذَكَّرُ	se rappeler
تَرَكَ يَتْرُكُ	quitter
تَزَوَّجَ يَتَزَوَّجُ	se marier

تَسَوُّق	achats, courses
تَعْبان	fatigué
تَعَرَّفَ يَتَعَرَّفُ عَلى	faire connaissance avec
تَعَشّى يَتَعَشّى	dîner
تَعَلَّمَ يَتَعَلَّمُ	apprendre
تَفَرَّجَ يَتَفَرَّجُ على	regarder
تَقْديم	présentation
تِمْثال ج تَماثيل	statue
تِمْساح ج تَماسيح	crocodile
تَمَنّى يَتَمَنّى	souhaiter
تَنافَسَ يَتَنافَسُ	concourir, être en concurrence

ث

ثانويّة	lycée
ثَقيل	lourd
ثَمَن ج أَثْمان	prix
ثَوْب ج ثِياب	vêtement

ج

جاءَ يَجيءُ	venir
جائِع	qui a faim
جار ج جيران	voisin
جاهِز	prêt
جَبَل ج جِبال	montagne
جَدّ ج أَجْداد	grand-père, ancêtre
جَديد	nouveau
جَرَى يَجْري	courir, arriver
جَريء	audacieux
جَريدة ج جَرائِد	journal
جَزيرة ج جَزائِر	île
جَلَسَ يَجْلِسُ	s'asseoir
جُمْهور ج جَماهير	public
جَميعاً	tous
جَميل	beau
جَواب ج أَجوِبة	réponse

ح

حارّ	chaud
حانوت ج حَوانيت	boutique
حاوَلَ يُحاوِلُ	essayer
حَجْم	taille
حَدَث ج أَحْداث	événement, fait
حَديث	moderne
حِذاء ج أَحْذية	chaussure
حَسَن	bon, bien
حَصَلَ يَحْصُلُ على	obtenir
حَضارة ج ات	civilisation
حَضَرَ يَحْضُرُ	assister à, être présent
حَضَّرَ يُحَضِّرُ	préparer
حَفْلة ج ات	fête, cérémonie
حَقْل ج حُقول	champ
حَقيقيّ	véritable
حَلَّ يَحُلُّ	résoudre
حَمَلَ يَحْمِلُ	porter
حَيّ ج أَحياء	quartier
حَياة	vie

خ

خائِف	effrayé
خَبّاز ج ون	boulanger
خَدّ ج خُدود	joue
خَطّ ج خُطوط	ligne
خَليج	golfe
خَيْر من	mieux, meilleur que

د

داخِل	à l'intérieur de
دَرَّسَ يُدَرِّسُ ه	enseigner
دَعا يَدْعو إلى	inviter à
دَفْتَر ج دَفاتِر	cahier, carnet
دَفَعَ يَدْفَعُ	payer
دَقيق	précis
دَلَّ يَدُلُّ عَلى	indiquer
دَوْر ج أَدْوار	rôle
دَوْرة ج ات	stage
دَوْلة ج دُوَل	État

ذ

ذَكَرَ يَذْكُرُ	citer, mentionner
ذَكيّ	intelligent
ذَهَبيّ	doré

ر

رابِح	vainqueur
راكِب ج رُكّاب	passager
رَأْي ج آراء	avis, opinion
رَأى يَرى	voir
رَبيع	printemps
رِسالة ج رَسائِل	lettre
رَقَصَ يَرْقُصُ	danser
رَقْم ج أَرْقام	numéro
رَكِبَ يَرْكَبُ	monter dans
رَكَضَ يَرْكُضُ	courir

رُمّانة ج رُمّان	grenade
رِمْش ج رُموش	cil
رَوى يَروي	raconter
رِياضيّ ج ون	sportif

ز

زارَ يَزورُ	visiter
زَقْزَقَ يُزَقْزِقُ	gazouiller
زَميل ج زُمَلاء	collègue
زَيْتون	olives

س

سَألَ يَسْألُ	interroger
سُؤال ج أَسْئِلة	question
سائِح ج سُيّاح	touriste
سائِق ج ون	conducteur
سارَ يَسيرُ	avancer
ساعَدَ يُساعِدُ	aider
سافَرَ يُسافِرُ	voyager
سامَحَ يُسامِحُ	excuser, pardonner
سَبَحَ يَسْبَحُ	nager, se baigner
سَبّورة	tableau
سَجَّلَ يُسَجِّلُ	enregistrer, marquer (un but)
سَرَقَ يَسْرُقُ	voler, subtiliser
سَريع	rapide
سِعْر ج أَسْعار	prix
سَعيد	heureux
سَكَتَ يَسْكُتُ	se taire
سَلَّمَ يُسَلِّمُ على	saluer
سَلَّمَ يُسَلِّمُ ه لِـ	remettre à
سَليم	sain
سَمَحَ يَسْمَحُ	permettre
سَمِعَ يَسْمَعُ	entendre
سَمَكة ج أَسْماك	poisson
سَمِنَ يَسْمَنُ	grossir, être gros
سَمّى يُسَمّي	nommer, appeler
سِنّ ج أَسْنان	dent
سَنة ج سَنَوات	année
سَهْرة ج ات	soirée
سَهْل	facile

ش

شارِب ج شَوارِب	moustache
شارِع ج شَوارِع	rue
شارَكَ يُشارِكُ في	participer à
شاهَدَ يُشاهِدُ	regarder
شَجَرة ج أَشْجار	arbre
شَرَحَ يَشْرَحُ	expliquer
شُرْطة	police
شَعْر	cheveux
شَكَرَ يَشْكُرُ	remercier
شَكْل ج أَشْكال	forme, allure
شَمْس ج شُموس	soleil, astre

ص

صادَ يَصيدُ	pêcher
صَبيّ ج صِبْيان	garçon
صَحْن ج صُحون	assiette
صَحيح	vrai, juste
صَديق ج أَصْدِقاء	ami
صَعْب	difficile
صُنْدوق ج صَناديق	boîte, coffre
صَنَعَ يَصْنَعُ	fabriquer
صَوْت ج أَصْوات	voix, bruit
صَوَّرَ يُصَوِّرُ	filmer, photographier
صَيّاد ج ون	pêcheur
صَيْدَليّ ج ون	pharmacien

ض

ضَحِكَ يَضْحَكُ	rire
ضَخْم	gros, énorme
ضَعيف	faible, maigre

ط

طائِرة ج ات	avion
طالِب ج طُلّاب	étudiant
طَبّاخ ج ون	cuisinier
طَبيب ج أَطِبّاء	médecin
طَلَبَ يَطْلُبُ مِنْ	demander à
طَويل	long, grand

ع

عائِلة ج ات	famille
عادَ يَعودُ إلى	revenir à
عالِم	savant
عام ج أَعْوام	année
عَثَرَ يَعْثُرُ على	trouver
عَدّاء	coureur
عَدَّدَ يُعَدِّدُ	compter
عَديد	nombreux
عَريض	large, vaste
عَزيز ج أَعِزّاء	cher
عُشّ ج أَعْشاش	nid
عُصْفور ج عَصافير	oiseau

عَضَّ يَعُضُّ	mordre
عَلَّمَ يُعَلِّمُ ه	enseigner
عَلَى كُلِّ حال	en tout cas
عَلَيْه أن	il faut que
عُمْر	âge
عَوْدة	retour
عيد ميلاد	anniversaire
عَيْن ج عُيون	œil

غ

غادَرَ يُغادِرُ	quitter, partir
غالٍ/الغالي	cher
غداً	demain
غُرْفة ج غُرَف	chambre
غَزال ج غِزْلان	gazelle
غَنَّى يُغَنّي	chanter
غَنيّ	riche
غَيَّرَ يُغَيِّرُ	changer

ف

فائِدة	utilité
فَتاة ج فَتَيات	jeune fille
فَرْد ج أفْراد	individu
فُسْتان ج فَساتين	robe
فَضَّلَ يُفَضِّلُ	préférer
فِعْلاً	vraiment
فَقير	pauvre
فَكَّرَ يُفَكِّرُ في	penser à
فِكْرة ج أفْكار	idée
فَنَّان ج ون	artiste
فُنْدُق ج فَنادِق	hôtel
فَوْز	victoire

ق

قارِب ج قَوارِب	barque
قامَ يقومُ بـ	faire, effectuer
قَبِلَ يَقْبَلُ	accepter
قَديم	ancien
قُرْبَ	près de
قِرْد ج قُرود	singe
قُرْصان ج قَراصِنة	pirate
قَريب من	proche de
قَصْر ج قُصور	palais
قَصير	court, petit
قِطْعة ج قِطَع	morceau
قَفَزَ يَقْفِزُ	bondir
قَليل	peu, peu nombreux
قَميص ج قُمْصان	chemise
قَويّ	fort

ك

كَأْس ج كُؤوس	verre
كامِل	complet
كَثير	nombreux
كُرة القَدَم	football
كُرة اليَد	hand-ball
كَعْك	gâteau
كَلْب ج كِلاب	chien
كَلَّمَ يُكَلِّمُ ه	parler à
كَنْز ج كُنوز	trésor

ل

لا بُدَّ أنْ	il faut absolument que
لا شَكَّ أنَّ	il ne fait pas de doute que
لاحَظَ يُلاحِظُ	remarquer
لَحْم ج لُحوم	viande
لَطيف	gentil
لَعِب ج ألْعاب	jeu
لُغة ج ات	langue
لَقَب ج ألْقاب	surnom
لَوْن ج ألْوان	couleur
لَيْمونة ج لَيْمون	citron

م

ما زال	être encore
مَأكولات	nourriture
مُباشَرةً	directement
مَبْعوث	envoyé
مُتْعَب	fatigué
مُتَوَحِّش	féroce
مَجَلّة ج ات	revue
مُجَوْهَرات	bijoux
مُحيط ج ات	océan
مَخْطوطة ج ات	manuscrit
مُدَرِّب ج ون	entraîneur
مُدَوَّر	rond
مَرَّ يَمُرُّ بـ	passer
مُرَبَّع	carré
مَرْتَبة ج مَراتِب	rang, place
مُساعِد ج ون	assistant
مُساعَدة	aide
مُسْتَطيل	rectangulaire
مُسْرِع	qui se hâte
مَسَكَ يَمْسِكُ	tenir (en main)
مَسْموح	permis, autorisé
مُشاهِد ج ون	spectateur

مَشْغول	occupé
مَشْهور	célèbre
مَشى يَمْشي	marcher
مَطار ج ات	aéroport
مُطْرِب ج ون	chanteur
مَعْقول	sensé, logique
مُعَلِّم ج ون	professeur
مَعَهُ حَقّ	il a raison
مُفَكِّر ج ون	penseur
مَكان ج أماكِن	lieu
مَكْتَب ج مَكاتِب	bureau
مَكْتَب البَريد	bureau de poste
مَلْبوسات	vêtements
مَلْعَب ج مَلاعِب	stade, terrain de jeu
مَلِكة ج ات	reine
مُمْتاز	formidable
مُمَثِّل ج ون	acteur
مَمْنوع	interdit
مُنافِس ج ون	concurrent
مُنافَسة ج ات	compétition
مُنْتَج	produit
مُهَنْدِس ج ون	ingénieur
مَوْزة ج مَوْز	banane

ن

ناب ج أنياب	croc
ناس	gens
نامَ يَنامُ	dormir
نَبات ج ات	plante
نَبَحَ يَنْبَحُ	aboyer
نَتيجة ج نَتائِج	résultat
نَزَلَ يَنْزِلُ	descendre
نَسيَ يَنْسى	oublier
نَصّ ج نُصوص	texte
نَظّارات	lunettes
نَظَرَ يَنْظُرُ إلى	regarder
نَفْس ...	le même, la même
نَمِر ج نُمور	tigre
نَهار ج ات	jour
نَوْع ج أنواع	genre, sorte

ه

هاجَرَ يُهاجِرُ	émigrer

و

واسِع	vaste, large
واضِح	clair
وافَقَ يُوافِقُ	être d'accord
وَجَبَ يَجِبُ أن	falloir
وَجَدَ يَجِدُ	trouver
وَحيد	unique
وَدَّ يَوَدُّ	avoir envie de
وَرْدِيّ	rose
وُصول	arrivée
وَطَن ج أوْطان	patrie
وَقْت ج أوْقات	temps
وَقَعَ يَقَعُ	tomber, se produire
وَقَفَ يَقِفُ	s'arrêter, se tenir
وِكالة ج ات	agence
وُلِدَ يولَدُ	naître
وَلِيَ يَلي	suivre

ي

يُقام	être organisé
يوجَد	se trouver

Tableau de conjugaison

CONJUGAISON DU VERBE فَعَلَ (FAIRE)

L'inaccompli المُضارِع المرفوع			L'accompli الماضي			
الجَمع pluriel	المُثنّى duel	المُفرَد singulier	الجَمع pluriel	المُثنّى duel	المُفرَد singulier	
نَفعلُ	نَفعلُ	أَفعلُ	فعلْنا	فعلْنا	فعلْتُ	المُتكلِّم
تَفعلونَ	تَفعلانِ	تَفعلُ	فعلْتُمْ	فعلْتُما	فعلْتَ	المُخاطَب
تَفعلْنَ		تَفعلينَ	فعلْتُنَّ		فعلْتِ	المُخاطَبة
يَفعلونَ	يَفعلانِ	يَفعلُ	فعلوا	فعلا	فعلَ	الغائِب
يَفعلْنَ	تَفعلانِ	تَفعلُ	فعلْنَ	فعلَتا	فعلَتْ	الغائِبة

L'inaccompli apocopé المُضارِع المجزوم			L'inaccompli subjonctif المُضارِع المنصوب			
الجَمع pluriel	المُثنّى duel	المُفرَد singulier	الجَمع pluriel	المُثنّى duel	المُفرَد singulier	
نَفعلْ	نَفعلْ	أَفعلْ	نَفعلَ	نَفعلَ	أَفعلَ	المُتكلِّم
تَفعلوا	تَفعلا	تَفعلْ	تَفعلوا	تَفعلا	تَفعلَ	المُخاطَب
تَفعلْنَ		تَفعلي	تَفعلْنَ		تَفعلي	المُخاطَبة
يَفعلوا	يَفعلا	يَفعلْ	يَفعلوا	يَفعلا	يَفعلَ	الغائِب
يَفعلْنَ	تَفعلا	تَفعلْ	يَفعلْنَ	تَفعلا	تَفعلَ	الغائِبة

L'impératif الأمر		
الجَمع pluriel	المُثنّى duel	المُفرَد singulier
اِفعلوا	اِفعلا	اِفعَلْ
اِفعلْنَ		اِفعلي

Achevé d'imprimer en France par CPI-Hérissey à Évreux (Eure) - N° d'impression : 112741
Dépôt légal : n° 93841-2/01 - Novembre 2009